グローバル時代の教育相談

多様性の中で生きる子どもと教師

大家まゆみ
Mayumi Oie

稲垣 勉
Tsutomu Inagaki

編

ナカニシヤ出版

まえがき

　グローバル化や情報化が進展する現代社会においては，先を見通すことがますます難しくなり，児童生徒の抱える問題が多様化し，深刻化している。そのため，子どもや保護者の多様性を受け入れ，理解し，尊重するためには，学校が地域や医療などの専門機関と連携して教育相談にあたることが重要である。

　本書は，教職課程コアカリキュラムの教職必修科目「教育相談（カウンセリングに関する基礎的な知識を含む。）の理論及び方法」の教科書として刊行した。同科目の「全体目標」は「幼児，児童及び生徒の発達の状況に即しつつ，個々の心理的特質や教育的課題を適切に捉え，支援するために必要な基礎的知識（カウンセリングの意義，理論や技法に関する基礎的知識を含む）を身に付ける。」ことである（文部科学省「教職課程コアカリキュラムの在り方に関する検討会」，2017）。教職課程を履修する学生の理解が「全体目標」に到達し，コアカリキュラムが示している同科目の3つの「一般目標」に沿うように，本書は13の章とコラムから構成されている。以下，3つの「一般目標」と本書の各章を対応づけて解説する。

　まず，コアカリキュラム「(1)教育相談の意義と理論」の「一般目標」は「学校における教育相談の意義と理論を理解する。」ことである。そのための「到達目標」として，コアカリキュラムには「1）学校における教育相談の意義と課題を理解している。」「2）教育相談に関わる心理学の基礎的な理論・概念を理解している。」の2点が挙げられている。本書では「到達目標」の1）を主に1章「教育相談と教師」と13章「学校危機と緊急支援」で，そして2）を主に1章「教育相談と教師」と8章「教育相談に活かせる心理療法の基礎理論と教師のメンタルヘルス」で扱う。

　次に，「(2)教育相談の方法」の「一般目標」は「教育相談を進める際に必要な基礎的知識（カウンセリングに関する基礎的事柄を含む）を理解する。」ことである。そのための「到達目標」は「1）幼児，児童及び生徒の不適応や問題行動の意味並びに幼児，児童及び生徒の発するシグナルに気づき把握する方法を理解している。」と「2）学校教育におけるカウンセリングマインドの必要性を理解している。」「3）受容・傾聴・共感的理解等のカウンセリングの基礎的な姿勢や技法を理解している。」の3つである。本書では「到達目標」の1）を主に2章「子どもの心の発達を理解する」と10章「仲間関係を深める学級構造と学級集団づくり」，2）を主に1章「教育相談と教師」で，そして3）を主に1章「教育相談と教師」と8章「教育相談に活かせる心理療法の基礎理論と教師のメンタルヘルス」で扱う。

　最後に，「(3)教育相談の展開」の「一般目標」は「教育相談の具体的な進め方やそのポイント，組織的な取組みや連携の必要性を理解する。」ことである。そのための「到達目標」は，「1）職種や校務分掌に応じて，幼児，児童及び生徒並びに保護者に対する教育相談を行う際の目標の立て方や進め方を例示することができる。」，「2）いじめ，不登校・不登園，虐待，非行等の課題に対する，幼児，児童及び生徒の発達段階や発達課題に応じた教育相談の進め方を理解している。」，「3）教育相談の計画の作成や必要な校内体制の整備など，組織的な取組みの必要性を理解している。」，「4）地域の医療・福祉・心理等の専門機関との連携の意義や必要性を理解している。」の4つである。本書では「到達目標」の1）を主に3章「これからの教育相談のあり方」と9章「スクールカウンセラーとスクールソーシャルワーカーの仕事」で，2）を主に4章「不登校・虐待・非行」，5章「いじめ」，6章「特別な支援を必要とする子どもへの対応」，11章「インターネット問題」，12章「性に関する教育相談」で，3）を主

表1　コアカリキュラムの到達目標と各章の対応表

(1)教育相談の意義と理論

一般目標　学校における教育相談の意義と理論を理解する。
到達目標　1）学校における教育相談の意義と課題を理解している。
　　　　　2）教育相談に関わる心理学の基礎的な理論・概念を理解している。

（主に対応する章）
到達目標1）：1章「教育相談と教師」と13章「学校危機と緊急支援」
到達目標2）：1章「教育相談と教師」と8章「教育相談に活かせる心理療法の基礎理論と教師のメンタルヘルス」

(2)教育相談の方法

一般目標　教育相談を進める際に必要な基礎的知識（カウンセリングに関する基礎的事柄を含む）を理解する。
到達目標　1）幼児，児童及び生徒の不適応や問題行動の意味並びに幼児，児童及び生徒の発するシグナルに気づき把握する方法を理解している。
　　　　　2）学校教育におけるカウンセリングマインドの必要性を理解している。
　　　　　3）受容・傾聴・共感的理解等のカウンセリングの基礎的な姿勢や技法を理解している

（主に対応する章）
到達目標1）：2章「子どもの心の発達を理解する」，10章「仲間関係を深める学級構造と学級集団づくり」
到達目標2）：1章「教育相談と教師」
到達目標3）：1章「教育相談と教師」と8章「教育相談に活かせる心理療法の基礎理論と教師のメンタルヘルス」

(3)教育相談の展開

一般目標　教育相談の具体的な進め方やそのポイント，組織的な取組みや連携の必要性を理解する。
到達目標　1）職種や校務分掌に応じて，幼児，児童及び生徒並びに保護者に対する教育相談を行う際の目標の立て方や進め方を例示することができる。
　　　　　2）いじめ，不登校・不登園，虐待，非行等の課題に対する，幼児，児童及び生徒の発達段階や発達課題に応じた教育相談の進め方を理解している。
　　　　　3）教育相談の計画の作成や必要な校内体制の整備など，組織的な取組みの必要性を理解している。
　　　　　4）地域の医療・福祉・心理等の専門機関との連携の意義や必要性を理解している。

（主に対応する章）
到達目標1）：3章「これからの教育相談のあり方」と9章「スクールカウンセラーとスクールソーシャルワーカーの仕事」
到達目標2）：4章「不登校・虐待・非行」，5章「いじめ」，6章「特別な支援を必要とする子どもへの対応」，11章「インターネット問題」，12章「性に関する教育相談」
到達目標3）：3章「これからの教育相談のあり方」，9章「スクールカウンセラーとスクールソーシャルワーカーの仕事」
到達目標4）：7章「医療機関における心理的支援と学校連携」，9章「スクールカウンセラーとスクールソーシャルワーカーの仕事」

に3章「これからの教育相談のあり方」と9章「スクールカウンセラーとスクールソーシャルワーカーの仕事」で，そして4）を7章「医療機関における心理的支援と学校連携」と9章「スクールカウンセラーとスクールソーシャルワーカーの仕事」で扱う（表1）。

　ところで，学校では教師自身も子どもたちと共に成長する。大学では教育実習を行った学生から，現場の様子を肌で感じる経験を通して「私はリーダーシップのあるタイプではなく，教師には向かないのではないか」，「先生方ほどの熱意を持つことができていないと感じた」といった感想を聞くこともある。しかし，先輩となる教師も同じ人間であり，当然ながらパーソナリティも多様である。初任から現在に至るまで，先輩教師の方々も周りの力を借りながら様々な困難に対処し乗り越える中で，経験を積み重ね，研鑽を続けているはずである。学生の皆さんにとっては，先輩教師の姿は決して「追いつけない」ものではなく，将来の自分の姿を重ねることができるだろう。

　また，大学の授業の中で学級経営上の困難を抱えている教師の事例を提示すると，「教師としてやっていけるか不安になった・自信がなくなった」という声を聞くこともある。その不安

は，「一人で何とかしなければならない」と思っているからこそ生じているのではないだろうか。しかし，現場ではたくさんの同僚や先輩の教師がおり，それぞれが持ちうる経験や知識，スキルをもって「チームで」問題に対処している（3章参照）。本書を通して，いかに他の教師やスクールカウンセラー，スクールソーシャルワーカーなどと連携が行われているかを知り（9章参照），どうか安心して現場に出ていただきたい。

　教師は以前にも増して，神経をすり減らす業務の数々をこなしていると思われる。教師が子どもに対してカウンセリングに基づく対応も多々求められるであろうし，時には子どものみならず保護者も，専門家や行政，福祉等の地域とつながり，関わりながら支援する対象となりうる。激務の中にあっても，教師には子どもの成長を助け，実際に成長していく過程をその目で見届けることができるという大きな魅力がある。ある教師は「自負として自分がぶれない点は，子どもの幸せを願っているということ」と話す。子どもから「先生のおかげで○○ができるようになった」，「先生に支えられて困難を乗り越えることができた」という声を聞くことができれば，教師冥利に尽きる瞬間であろう。

　本書が教職課程を履修し，将来を模索している学生，そして教育・学校関係者の皆様に広く読まれ，教師になるための一助となることを願ってやまない。

　2024 年 1 月

編者　大家まゆみ・稲垣　勉

目　　次

コ ラ ム

1章 教育相談と教師

　学校に求められる教育相談とはどのようなものでしょうか。2022年に改訂された「生徒指導提要」は教育相談について「社会の急激な変化とともに，児童生徒の発達上の多様性や家庭環境の複雑性も増しています。例えば，深刻ないじめ被害のある児童生徒や長期の不登校児童生徒への対応，障害のある児童生徒等，特別な配慮や支援を要する児童生徒への対応，児童虐待や家庭の貧困，家族内の葛藤，保護者に精神疾患などがある児童生徒への対応，性同一性障害や性的指向・性自認に係る児童生徒への対応などが求められます。その意味では，生徒指導における教育相談は，現代の児童生徒の個別性・多様性・複雑性に対応する生徒指導の中心的な教育活動だと言えます」（文部科学省，2022b, pp. 16-17）と定義しています。本章では教育相談の歴史，教師のカウンセリング・マインド，心理療法のブリーフセラピーと実践，クレームを持つ保護者への対応を取り上げ，日常の教育場面での支援のあり方を考えます。

1．教育相談の歴史

　1947年の児童福祉法制定に伴い，各都道府県に児童相談所が設置されて，全国的に公立の教育相談所が開設されました。学校教育に教育相談が導入されたのは，1964年に学習指導要領が改訂されてからです。そして1960年代には，全国の教育相談所や教育委員会が，教育相談の手引書を発行しました。

　高度経済成長期を経て，1970年代半ばに高校進学率が90％を超えると，高校中退，校内暴力，いじめ，学級崩壊，不登校等の問題が増加しました。その後1980年代後半には，「受容と感情的共感に基づく傾聴を行いながら，子どもの自尊心を大切にして，子どもに寄り添う教師の柔軟な姿勢」（守谷，2016）であるカウンセリング・マインド（3節）が普及しました。罰則の強化や叱責を繰り返す消極的生徒指導のみでは生徒や学校が抱える問題を解決できなかったため，子どもの心の理解が重視され，教育相談を支えるシステムが必要になりました。

　そのため文部省（当時）は，1990年に「学校における教育相談の考え方・進め方—中・高等学校編—」を作成し，「今日では治療的な側面から，予防的な側面，更には開発的な側面への役割の重要性が強調されている」と予防・開発的教育相談に初めて言及しました。さらに1995年度から文部省はいじめ・不登校対策として，公立中学校にスクールカウンセラー（以下SC）を配置し始め，2001年度からは「SC活用事業補助」を開始，全国の公立中学校にSCを配置しました。また2008年には「スクールソーシャルワーカー（以下SSW）活用事業」が始まり，心理と福祉の視点で教育相談を支えています（9章参照）。

　大学の教職科目に関しては，教育職員免許法の改正に伴い，1990年に「生徒指導及び教育相談に関する

科目」（2単位）を新設，2000年に「生徒指導，教育相談，進路指導に関する科目」（4単位）
を必修化しました。

　そして文部科学省は教員を対象に「生徒指導提要」（2010，改訂版は2022b；以下で引用す
る「生徒指導提要」はすべて2022b）を刊行し，全国の学校に配布しました。生徒指導と教育
相談の共通点は「両者の目的が，児童生徒が将来において社会的な自己実現ができるような資
質・能力・態度を形成するように働きかけること」です（文部科学省，2022b，p.80）。

　2015年の文部科学省中央教育審議会「チームとしての学校の在り方と今後の改善方策につ
いて（答申）」（以下，「チーム学校答申」と表記）は，「多様な専門性や経験を有する専門ス
タッフが教師と共にチームとして教育活動に取り組む」ことを目指しています。教員の働き方
改革のため，SC，SSWなどの専門家の配置や地域と連携した教育相談体制づくりを目標にし
ています。

　以上のように，児童生徒の抱える問題の変化に伴い，教育相談の役割は大きく変化してきま
した。最近の動向については「チーム学校答申」（中央教育審議会，2015），「児童生徒の教育
相談の充実について（報告）」（文部科学省　教育相談等に関する調査研究協力者会議，2017），
「生徒指導提要」（文部科学省，2022b）を参照して下さい。

2.　いま学校に求められていること
─子どもの心の声を聴く・居場所をつくる

　世界的な新型コロナウイルス感染拡大に見舞われた2020年以降の数年間は，コロナ禍で学
校行事や集団活動の中止や人数制限が相次ぎました。その結果，心身の不調を訴える子どもや
ストレスから深刻な事態に陥る事例が増えています。2020年には小中高生の自殺者数は499
人，2021年は473人で，統計が残る1980年以降で最多となりました。同様に，2021年度の不
登校の小中学生も244,940人（前年度196,127人）と過去最多でした（文部科学省，2022a）。

　そしてコロナ禍以降，我が国は中等度以上のうつ症状の子どもが16%（国立成育医療研究
センター，2021）と報告されているほか，諸外国では29の研究のメタ解析の結果，18歳以下
の子どもの25.2%がうつ症状にありました（Racine et al., 2021）。子どもの心の健康が脅かさ
れた深刻な事態を背景に，「子供・若者育成支援推進大綱」（内閣府，2021）は学校の課題とし
て，児童生徒の多様化，自殺・不登校等の生徒指導上の課題の深刻化，教職員の多忙化・不足，
学校の減少，情報化への対応の5つを挙げました（p.38）。また，国立成育医療研究センター
（2020）の調査では，子どもが学校と家族に望むのは「気持ちを聞いてほしい」「子どもが気軽
にすごせるような空間にしてほしい」等，子どもの話に耳を傾ける時間と，居心地のよい空間
になるための活動を増やすことでした。子どもは話を聞いてほしいのです。

表1-1　子どもが学校と家族に望むこと

学校へ	学校と家族へ
学校でもっとたくさん話を聞く時間を作ってほしい	おうちや先生たちが子どもたちが気軽に過ごせるような空間にしてくれたらいいと思う
担任だけでなく何人かの先生と話をする機会を持つ	親か先生が私の気持ちを聞いてくれるとホッとする
学校が生徒の気持ちを知ってほしい	
話し合える場がほしい	
気持ちが置いてけぼり	
大人，先生との間に溝を感じる	

（国立成育医療研究センター，2020を参考に作成）

3. 教師のカウンセリング・マインド

　学校で子どもと常に接するのは教師です。教育相談では，児童生徒の声を受容・傾聴し，相手の立場に寄り添って理解しようとする共感的理解が重要です。つまり，子どもの話に耳を傾けるには，教師がカウンセリング・マインドをもつことが大事なのです。この「カウンセリング・マインド」は，アメリカの臨床心理学者の「クライエント中心療法」を背景に生まれた和製英語です。我が国には1950年代にロジャーズのクライエント中心療法の理論が紹介されると（佐治，2006），学校教育には構成的グループ・エンカウンターが普及しました。ロジャーズのクライエント中心療法に基づき，児童生徒を受容し，共感的に理解して尊重する態度や面接技法は，教師のカウンセリング・マインドの要件です（8章参照）。

　教師がカウンセリングの意義，理論や技法の知識に基づき，子どもに接するときに受容して共感的に理解するカウンセリング・マインドを大事にすると，児童生徒理解が深まります。児童生徒理解とは，「一人一人の児童生徒に対して適切な指導・援助を計画し実践することを目指して，学習面，心理・社会面，進路面，家庭面の状況や環境についての情報を収集し，分析するためのプロセス」です（文部科学省，2022b，p.89）。

　学校には多様な子どもがいます。そのため，子ども同士の関係や，教師―子どもの人間関係づくりが大事です。子どもの心を理解し，心の不調や生活上の悩みに対応できる教員を育成するため，大学の教員養成段階で教職科目「教育相談」等が必修になり，現職教員が研修でカウンセリング・マインドを学び直す機会が増えました（伊藤，2011）。教師がカウンセリング技法を学んで「聴くことの大切さ」を知ると，教師の話し方（一方的に話す，諭す，説教する）を改めて振り返ることになります（日本教育カウンセラー協会，2001）。

　教育相談は生徒指導の一環であり，①指導や援助の在り方を児童生徒理解に基づいて考え，②児童生徒の状態に応じて柔軟に働きかけ，③段階ごとに必要な指導・援助を見極めることが重要です（「生徒指導提要」，p.80）。教育相談では全教職員の取り組みが重要ですが，時として各学年の教師集団「学年団」の意見が尊重されたり，教師は自分の学級をよく把握していても，他の学級や学年の児童生徒のことは分からなかったりすることがあります（家近，2018）。学校全体を見据えたSCやSSW，地域や専門機関と連携した「チームとしての学校」により教育相談体制を整えることが急務です（3，9章参照）。

4. 心理的成長を促すための教育相談支援

　上述のように，ロジャーズのクライエント中心療法に基づく教師のカウンセリング・マインドでは，受容，共感，傾聴等が重視されてきました（第8章第1節(3)も参照）。しかし，共感的に受容し，こころの声に耳を傾けるだけでは，問題が解決しないことがあります。不登校や虐待，非行，いじめ等は原因が複雑に絡み合うため，解決が難しいのです。

　近年，SNSの普及やGIGAスクール構想の実施，オンライン教育相談などインターネットによるコミュニケーションが主流になり，子どもが過ごす学校や家庭等の環境と人間関係のあり方が急激に変化しています（11章参照）。全国の小・中・高等学校を対象に行った「保健室利用状況に関する調査」（日本学校保健会，2018）によると，保健室登校の開始学年は中高とも第1学年が最も多く，開始時期は小中高ともに9月が最多でした。そして，保健室登校していた児童生徒のうち39.2%が46.3日で教室復帰しましたが，6割は保健室登校を続けました。なお，保健室登校とは「常時保健室にいるか，特定の授業は出席できても，学校にいる間は主として保健室にいる状態」（日本学校保健会，2018，p.10）です。

　また，養護教諭が1年間に把握した心身の健康に関する問題は，体の健康についてはアレルギー疾患と肥満傾向が，心の健康については発達障害と友達との人間関係の問題が多く（小中高共通），学習に関する悩み，睡眠，家族との人間関係，体の発育・発達，教職員との人間関係，性に関する問題，いじめ，児童虐待など，問題の内容が多岐にわたっています。

　保健室登校が増える思春期（およそ小学校高学年から高校生まで）は，心と体が大きく変わる時期です（2章参照）。朝起きられない起立性調節障害，友達と話す時に生ずるめまいや吐き気等の身体症状，何度も同じことを確認しなければ気が済まない強迫性障害など，思春期特有の困りごとがあります（7章参照）。また不登校や虐待，いじめなど，未然防止と早期発見および支援が必要な状況が目立ちます（4，5，11章参照）。

　学校に通う思春期の子どもの悩みや困りごとを，学期や学年が終わるまでの短い期間に，なるべく効果的かつ効率的に解決するためには，どうすればよいでしょうか。教育現場で活かせる心理療法として，ここではブリーフセラピーを紹介します。ブリーフセラピーは，問題を解決するための変化を短い期間に起こすため，月や学期，学年ごとにカリキュラムが決まっている学校や児童生徒，その家族などに有効です。また，子どもが来談できない場合も，保護者など家族を対象に行えるため，不登校など子どもに直接会えない状況下でも効果を発揮します。

(1) ブリーフセラピー（短期療法）―過去ではなく，未来から現在の問題をとらえる

　従来の心理療法は，過去にさかのぼって問題の原因や病理を探すことで解決してきました。しかし近年は，医学，福祉，教育，司法の分野が連携する多職種協働により，クライエントの強みを活かすストレングス・モデルに移行しています（9章参照）。ブリーフセラピーはクライエントの強み（リソース）に着目し，未来に向けた解決を目指す心理療法です。子どもと家庭，学校をエンパワメントして「チーム学校」を実現するための重要な鍵となります。

　ブリーフセラピーの定義と特長　ブリーフセラピーは，催眠療法家のミルトン・エリクソン（Erickson, M. H.）が創始し，ベイトソン（Bateson, G.）のコミュニケーション理論をもとに発展した心理療法です（Watzlawick et al., 1967 山本監訳 1998）。

　ブリーフセラピーは「問題の原因を個人病理に求めるのではなく，コミュニケーション（相互作用）の変化を促して問題を解決・解消していこうとする心理療法」（日本ブリーフセラピー協会HP）です。ブリーフセラピーは精神分析のように過去の原因から現在の問題をとらえるのではなく，未来に据える目標からとらえます。そして，クライエントの強み（リソース）を活かし，問題を解決するための明確な目標をクライエントと協働で設定します（表1-2）。その目的は，家族や友人など他者を中心とする環境との相互作用の中で本人の問題をとらえ，相互作用の変化を促すことであり，傾聴よりも，積極的な質問を重視します（若島・長谷川，2018）。ブリーフ（brief）はその名の通り，「短期」を意味しており，所要時間や期間が短く，面接回数が少ないため，緊急支援や危機介入が必要な事例に有効です。

　例えば，不登校の中学生が，自分の学校の制服姿の生徒を見ると汗が出る場合は，制服姿の生徒から学校生活を連想し，汗が出る連鎖が生じます。ブリーフセラピーはこの連鎖の原因を追究するのではなく，得られた事実から把握できる相互作用に注目し，どうすれば汗が出なくなるのかについての解決方法を探ります。

表1-2　ブリーフセラピーの考え方

・原因探しをせず，例外（問題の中ですでに解決している部分）を探す
・うまくいかないなら，これまでとは何か違うことをする（do different!）
・うまくいっていることをさらに続ける（do more!）

（de Shazer et al., 2007; 日本ブリーフセラピー協会 HP を一部改変）

　ブリーフセラピーは教育現場で広く用いられています。過去の原因よりも未来の解決，問題よりも子どもが持つ強み（リソース）に注目し，教師の質問で子どもの心の声を引き出すコミュニケーションを重視する点は，教師や学校が受け入れやすいからです。個人面接，家族面接や訪問援助，コンサルテーションなど，多職種協働により福祉や教育で効果をあげています。

代表的なブリーフセラピー：MRI アプローチと BFTC アプローチ　　ブリーフセラピーは，1967 年にアメリカの Mental Research Institute に設立された短期療法センターでの MRI アプローチから始まり，BFTC（ソリューション・フォーカスト）アプローチへと体系化されました（Watzlawick et al., 1967 山本監訳 1998）。この 2 つが代表的なブリーフセラピーです。

MRI アプローチ　　文化人類学者ベイトソン（Bateson, G.）が提唱したコミュニケーション理論によれば，コミュニケーションには命令的機能があります（Bateson, 1972）。例えば，LINE で友人にメッセージを送る行為には，届いたらすぐに読んでほしいという願い（暗黙の命令）が伴います。友人にメッセージを送ったのに，なかなか既読にならない場合に，イライラしたり，何で読んでくれないのだろうと心配になったりするのは，暗黙の命令が機能しなかったためです。また，返信が遅れたため，受け手が送り手に謝り，返信する時に遅れた理由を説明するのも，暗黙の要求に応えられなかったという罪悪感によるもので，友人関係において暗黙の命令から派生した負の感情が相互に作用しています。

　さらに，家族関係は長い間続くため，家庭内で問題が起こったときに，解決に向けた行動（偽解決）が再び問題行動を引き起こすという親子関係の悪循環が生まれ，長く続きます（大塚ら，2020）。MRI アプローチは相互作用の「悪循環を切る」アプローチです。

BFTC アプローチ　　BFTC アプローチは，ドゥ・シェイザー（de Shazer, S.）やバーグ（Berg, I. K.）がアメリカの BFTC（Brief Family Therapy Center）で展開した解決志向アプローチです。BFTC アプローチは，問題を解決するのではなくクライエントが望む生活を作り上げる「解決構築」を目指します（伊藤，2021）。そして，クライエントが持ち込むもの（リソース，強み，経験，能力等）は何でも利用します。問題が生じず，状態が改善した「例外」を探して活用し，解決を構築するのです。

　上述のように，MRI アプローチはうまくいかないなら違う方法を取り入れる「悪循環を切る」アプローチ，BFTC はうまくいっていることをさらに続け，「良循環を拡張する」アプローチです（若島・長谷川，2018）。MRI アプローチと BFTC アプローチの 2 つを用いると，より効果的な面接を行えます（図1-1，若島・長谷川，2018）。

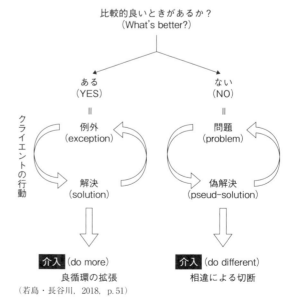

図 1-1　ブリーフセラピー（短期療法）の統合モデル

（若島・長谷川，2018, p.51）

(2) ブリーフセラピーによる教育相談の実際

　次に，高校生とその家族の教育相談において，MRI アプローチと BFTC アプローチの 2 つのアプローチの技法を用いた事例を 3 つ紹介します。プライバシー保護のため，事例の特質を

損なわない程度に内容を一部変更しています（Co はカウンセラー，Cl はクライエント）。

事例1　神経性の下痢を伴う腹痛を訴える高校2年生の女子Aさん

　　高校2年生の女子生徒Aさんは，いつも夕食の途中で腹痛が始まり，そのまま夜中まで腹痛が止まず，必ず下痢（時には嘔吐）を伴います。Aさんは母親に付き添われて来談しました。母親は，なぜAさんが腹痛と下痢になるのか分からないため，「そんな弱い精神では卒業してから社会でやっていけない，もっと強くなりなさい」と常日頃，Aさんに言い聞かせています。母親の言葉に応えようと，Aさんは腹痛にならないようにと念じながら夕食をとるのですが，夕食の半分を食べ終わる頃から腹痛が始まり，そのまま就寝するまで続きます。また，就寝してからも夜中に腹痛で目が覚め，トイレに数十分こもることがよくあります。Aさんは毎晩，夕食時に腹痛が始まると，自分でも何とかしなければと焦る気持ちに加え，母親の叱責がプレッシャーとなり，母親との関係性からストレスが増大しています。

　　技法1　悪循環を切るためのパラドックス　　ブリーフセラピーの技法である「パラドックス」は，問題を解決しようと努力し，解決に向けた偽解決行動をするとかえって問題が続く悪循環を，逆の発想で断ち切ることです。
　　事例1では，夕食時にお腹が痛くなり始めると，Aさんは「痛くなったらどうしよう」と思いつめます。結局，夜は腹痛と下痢が続くのです。そこで逆に，お腹が痛くなってきたら「さあ，これから精一杯，お腹をこわしてやるぞ〜！」と開き直ってみるよう，Aさんに提案しました。カウンセラー（筆者）はパラドックスを提案したのです。来談して3日後の夜から，あれだけ辛かった腹痛が全く痛くなくなりました。

事例2　長期の不登校状態にある高校2年生男子Bさんへの対応に悩む母親

　　高校2年生の男子生徒Bさんが長期の不登校状態にあるなか，その母親が来談しました。進学校に入学したばかりの頃，Bさんの成績はトップクラスで，両親とも大学進学に期待を寄せていました。ところがBさんは，高校1年生の6月にストレスから胃腸の調子を崩し，医師の診断書を提出して10日間，学校を欠席しました。その後，Bさんの体調は回復せず，医師の診断書をさらに2度ほど高校に提出し，1学期はそのまま欠席しました。夏休みが明けても，Bさんは学校には一度も登校しませんでした。
　　カウンセラー（筆者）のもとを母親が訪れたのは，Bさんが高校2年生になったばかりの4月でした。母親と面談を始めると，母親がこれまで何度も学校に足を運び，担任や校長と面談を重ねてきたこと，学校の対応には納得できず，教育相談の専門機関に相談に行ったものの満足な解決法が見出せず，とうとう教育委員会にクレームを入れたことを把握しました。学校や教育委員会の立場では，母親のクレームは大きな問題として扱われます。学校からクレームについて相談されたカウンセラーは，母親と面談しました。

　　Co「お母さま，よく頑張られましたね。」
　　Cl（けげんそうな顔で）「頑張った？」
　　Co「はい，頑張りました。お子さんのために，学校に何度も出向いたり，手紙を書

　　　　いたり，教育委員会に電話をかけたり。お子さんを心配して，頑張ってこられ
　　　　ました。お子さんへの愛情がなければ，できないことですよ。親の愛をひしひ
　　　　しと感じます。」
　　Cl「(かみしめるように) 頑張った……今まで誰も私に『頑張った』と言ってくれた
　　　　人はいない。」
　　Co「そうですか。でも，お母さま，本当に頑張られましたよ。」

　技法2　コンプリメント (ほめること，ねぎらうこと) と技法3　エンパワメント
(元気づけること)　　コンプリメントは，クライエントの成功体験や強み，能力等をほ
めること，エンパワメントはクライエントがより満足した人生を送る権利が自分にある
と認めることです (伊藤，2021)。母親は学校や教育委員会にクレームを入れても，教
師や管理職，担当者から満足のいく対応や文書による回答を得られず，ますますクレー
ムや要求の内容がエスカレートしていました。ところがカウンセラーが，母親は子ども
を思ってできる限りの努力をしていることをほめ，母親が学校や公的機関に子どもの現
状を訴えている姿を子どもが見ているので，自分への愛情を感じているのではないかと
伝えると，母親は「誰も頑張ったと言ってくれた人はいない」と，驚いた様子でしんみ
り語りました。自分の努力をカウンセラーに認めてもらえたと認識したためか，この後，
母親は学校や教育委員会にクレームを入れなくなりました。

事例3　授業中に気分が悪くなり，トイレから出られなくなった高校1年生女子Cさん

　Cさんは理科の授業中，大勢の級友が集まって実験を見守る中，みんなが自分を見て
いる気がして，気分が悪くなりました。そのままトイレに駆け込み，授業が終わるまで
ずっとトイレにいました。帰宅後も泣き続けており，1週間後，母親に付き添われて来
談しました。

　　Co「気分が悪くなって，そのままトイレにずっといたのですね。」
　　Cl「はい。みんなが私を見ている気がして。私の頭が悪いから，みんなそう思って
　　　　見たのです。」
　　Co「そうなの？　どうしてそう思うの？」
　　Cl「私がこのクラスで一番バカだからです。だから，みんなバカだと思って，私を
　　　　見たのです。」
　　Co「ふーん。で，それは誰が決めたの？」
　　Cl「えっ？」

　技法4　リフレーミング　　リフレーミングは，問題が持つ意味を変え，問題への対
処行動を変えることです。事例3では，カウンセラーが「それ (クラスで一番バカ) は
誰が決めたの？」と質問したところ，Cさんは，自分自身が「頭が悪い」「バカ」と自
分を決めつけていたことに気づきました。級友は誰も，Cさんに向かって頭が悪いとか，
バカとは言っていませんでした。Cさんは自分の見方を変えたところ，級友に対する見
方も変わりました。カウンセリングの帰り道はウキウキしながら帰宅したと母親から後
日，連絡がありました。この事例では1回で面接が終結しました。

(3) クレームを持つ保護者への対応―教師のリフレーミング

　事例2のように保護者がクレームを持つ場合，教師は弱腰になり相手の言い分を受容しようとしたり，逆に強い態度で臨んだりすることがあります。すると教師の対応に納得できない保護者の心に，さらに強硬なクレームが生まれます。かくして教師と保護者，学校と家庭の関係性に悪循環が生じます。悪循環を断ち切り，よい関係を築くためにはどうすればよいでしょうか。花田（2015）はブリーフセラピーの視点から，教師自身が以下の6つの点を心がけ，自らのフレームを捉え直す，つまり教師自身のリフレーミングを提案しています（表1-3）。

　花田（2015）は教師に対して，「不満のある保護者や発言力のある保護者には早めに対応すること，教育熱心な保護者へは相談する姿勢を持つこと」（p.50）や「教師と保護者が無理に仲良くなる」（p.51）必要はないこと，努力してもどうにもならない時にはバーンアウト（8章参照）を避けるためにがんばりすぎないこと，保護者を敵ではなく味方と捉え，フレームを変えること等を提案しています。また，クレームを持つ保護者への対応に悩む学校関係者を支援するために，長谷川（2005）は，学校と家庭の連携に関する解決事例を公開しています。

表 1-3　クレームを持つ保護者への対応と教師のリフレーミング

1	「受容」というフレーム	→	理解しすぎない
2	「協力」というフレーム	→	仲良くなりすぎない
3	「対話」というフレーム	→	話し合いすぎない
4	「努力」というフレーム	→	がんばりすぎない
5	「教師 vs 保護者」というフレーム	→	保護者を警戒しすぎない
6	「役割」というフレーム	→	「教師」「保護者」にとらわれすぎない

（花田，2015 より作成）

やってみよう

　リラクゼーション「心のストレッチ」（國分ら，1999，pp. 188–189 を一部改変）を体験して，心身をリラックスさせましょう。

ねらい　心と体の力をぬいて，うまくリラックスする方法を身に付ける。

内　容　椅子に座り，目を閉じて深呼吸をして，気持ちを落ち着かせる。学校や学級集団で行う場合は，教師の言葉（以下の「　」の発言）を聞きながら，手足から順に体の重温感を感じていく。

■ ウォーミングアップ

　「これから先生の言葉に従って感じてみて下さい。」「気持ちが落ち着いている。」とゆっくり何回か繰り返し唱える。

■ エクササイズ

　①「では，両手をだらーんとさせ，手の重さを感じてみて下さい。」「両手が重い。両手がとても重く感じる」と何度か繰り返し唱える。続けて②足，③両手両足が重いと何度か繰り返し唱える。その後④「両手両足が温かい。気持ちがとても落ち着いている。」，⑤「呼吸が楽。自然に，楽に息をしている。気持ちがとても落ち着いている。」，両手を握ったり開いたり，腕を3〜4回曲げ伸ばし，背伸びをして深呼吸したら，目を開ける。

コラム 1　コロナ禍における オンライン教育相談

上野泰治（東京女子大学教授）

　オンラインカウンセリング・教育相談と聞くとどのようなイメージを持ちますか？　ビデオ会議アプリのようなイメージでしょうか。実は，電話などを用いた場合もオンラインに該当します。これらはコロナ禍以前から使用されていましたが，コロナ禍によって，多くの国で活用が拡大してきました（e.g., Duan & Zhu, 2020）。日本でも，文部科学省（2022）が「ICT 等を活用したオンラインカウンセリング等も児童生徒の心身の状況を把握する上で一定の効果が期待できると考えています。」と通知を出すなど，オンラインによる相談が推奨されています。

　さて，オンラインによる相談は本当に効果的でしょうか。コロナ禍においては，オンライン活動は代替手段といった側面もありました。しかし，代替としての位置づけではなく積極的に推奨しているところに，上記の文部科学省通知の特徴があります。では，そこに根拠はあるのでしょうか。素朴な印象としては，お互いの信頼関係が構築しづらい，様子がわかりづらいなど，沢山のデメリットが挙げられます。すると，「本当に効果があるの？」という疑問が出てきます。

　ここで，医学・薬学・教育学・心理学など多くの科学分野に共通した手法として，効果の有無・効果の大きさを評価するためのメタ分析という手法があります。メタ分析とは，複数の研究結果を統合して新たな知見を得る手法（Rosenthal, 1991）です。その背後には，1 つ 1 つの研究にはバイアスが存在するという想定があります。意図的にせよ非意図的にせよ，研究考案・実施・発表の様々な段階においてバイアスがかかることがあります。例えば，コロナ禍において生じた変化にストレスを感じ，仕方なくオンライン活動を始めたと感じる人はネガティブな印象を持っているでしょう。すると，研究考案～発表までのどこかの段階において，オンライン活動の否定的な面を取り上げようとするバイアスが生じてもおかしくありません。1 人 1 人の研究にはこういった問題が常につきまといます。また，どれだけ無作為に標本を集めても，標本の偏りは必ず生じます。これらは，特定の研究への批判ではなく，全ての単一論文に当てはまる限界です。一方，メタ分析の場合はどうでしょうか。各研究のバイアスの方向は様々であるはずです。すると，それらを統合することでバイアスが相殺され，特定の方向へ大きく偏る可能性が低くなります。その上で，効果の有無・効果の大きさを示す指標を取り出せるところに，メタ分析の価値があります。

　表 1 の上半分は，対面カウンセリングのメタ分析を実施した代表的な研究を紹

表1 対面カウンセリングとオンラインカウンセリングのメタ分析例

形式	書誌情報	効果量	形式の比較
対面	Smith & Glass（1977）	0.67	比較無し
対面	Smith et al.（1980）	0.80	比較無し
対面	Lipsey & Wilson（1993）	0.75	比較無し
対面	Robinson et al.（1990）	0.73	比較無し
オンライン	Barak et al.（2008）	0.53	対面≒オンライン
オンライン	Richards et al.（2012）	0.56	比較無し
オンライン	Fu et al.（2020）	0.60	比較無し
オンライン	Moshe et al.（2021）	0.52	対面≒オンライン
オンライン	Lin et al.（2022）	別の指標	対面≒オンライン
オンライン	Hudon et al.（2022）	別の指標	対面≒オンライン

介しています。詳細は他書（e.g., Rosenthal, 1991）に譲りますが，効果量が0.5を超えていることから，対面カウンセリングの効果の根拠となっている代表的な論文です。対面カウンセリングの効果についてもメタ分析が根拠となっているという事実は，メタ分析という手法の有用性を示していると言えるでしょう。

　次は，オンラインカウンセリングのメタ分析研究です（表1下半分）。審査の厳しい雑誌（e.g., Lancet）に発表された研究や，対面とオンラインの効果を直接比較した研究を抜粋してみました。こうしてみると，対面カウンセリングと同じような効果量であることがわかります。実際に，対面とオンライン形式の違いを直接比較したメタ分析研究（表1最右列）からは，形式間に統計的な差がみられないことが報告されています。ちなみに，これは対面とオンラインの活動が同じものであることは意味しません。本質的に異なる活動かもしれませんが（下山, 2021），様々な観点からの効果の大きさに違いはみられないということを意味します。

　もちろん，メタ分析手法そのものへの批判もあります（なお，手法への批判は，対面カウンセリングの根拠となるメタ分析にも当てはまります）。しかし，個々の研究者の報告に存在し得るバイアスを相対的に抑えている点は大きな利点であり，オンラインの活動を積極的に推奨するためのエビデンスが蓄積されているように思われます。学校現場でオンライン教育相談に携わる際の参考になれば幸いです。

2章 子どもの心の発達を理解する

　本章では，教育相談において押さえておくべき，乳幼児・児童・生徒の心理発達の特徴を取り上げます。なお，発達に関連する課題の中には，障害や病理など，特別な支援や医療的支援を必要とする場合もありますが，それらについては主に6，7章で扱い，ここでは定型（典型）的な発達の姿とそこにおける課題を中心に解説します。

1. 発達の基礎理論─発達段階説と発達課題

　はじめに，心身の発達に関わる様々な理論の中で，特に年齢ごとの心理発達の姿を考えるための代表的な2つの理論を挙げます。1つはピアジェ（Piaget, 1956）による発達段階説です。ピアジェは，子どもの認知や思考が年齢と共に構造的に変化しながら徐々に発達していくと考え，おおよその年齢ごとの発達段階を示しました（表2-1）。

　もう1つは，エリクソン（Erikson, 1950）による発達課題です。エリクソンは自我の形成に着目し，各時期に訪れる危機と健全で幸福な発達をとげるために達成すべき課題を示しました

表2-1　ピアジェによる発達段階の特徴

発達段階	特徴
感覚運動期 0〜2歳頃	五感や身体運動に伴う感覚が認識の基礎となる（感覚運動的知能）。循環反応と呼ばれる行動を繰り返し，次第に自分の身体，自分を取り巻く世界，両者の関係に関する認識を形成する。
前操作期 2〜7歳頃	表象（そこに無いものを心の中でイメージする能力）や象徴機能（ある物を別のものに見立てる能力）の発達により，対象を心の中で操作できるようになる。但し，認識が知覚に左右され，対象の見かけが変化するとその質量も変化すると考える（直観的思考）。複数の視点を統合できず，相手の立場に立った思考が難しい（自己中心性）。
具体的操作期 7〜11歳頃	保存の概念が獲得され，前操作期のように思考が見かけに左右されることが少なくなる。また，複数の視点や相手の立場に立った思考ができるようになる（脱中心化）。具体的に理解できるものについては，論理的な思考をすることができる。
形式的操作期 11歳以降	公式の利用や物理法則の理解が可能になるなど，抽象的な命題に対しても論理的な思考が可能になる。それによって日常生活経験による知識（素朴概念）から脱し，科学概念を獲得することができるが，その理解には個人差があり，全ての人が全ての分野で達成されるわけではない。

表2-2　エリクソンによる発達課題

発達の時期	危機			達成すべき課題	重要な他者
乳児期	信頼	対	不信	基本的信頼	母親
初期幼児期	自律性	対	恥と疑惑	自律性	両親
幼児期	自主性	対	罪悪感	自主性	家族
児童期	勤勉	対	劣等感	勤勉性	学校，近隣
青年期	同一性	対	同一性の混乱	アイデンティティ（自我同一性）	仲間，仲間外集団
成年初期	親密性	対	孤独	親密性	性愛，友情
成人期	生殖性	対	自己停滞	生殖性	家政，伝統
成熟期	統合	対	絶望	統合性	親族，人類

（表 2-2）。また，各段階における課題の達成に必要な要因として，重要な他者（エージェント）の存在を指摘しています。

2. 乳幼児期の発達と保護者の支援

(1) 乳児期の発達

　児童福祉法（第 4 条）では 1 歳未満の子どもを乳児と規定していますが，一般的には 2 足歩行と初語が出現する 1 歳半頃までを指すこともあります。出生後，外界の環境に適応する中で心身に著しい発達がみられます。身長，体重の増加はもちろんのこと，視覚や聴覚などの感覚器官も急速に発達し，自分を取り巻く世界を認識し始めます。ピアジェの発達段階説では，この時期は感覚運動期にあたります。

　乳児期の社会性，情緒面の発達においては，母親をはじめとする大人の温かな関わりが重要となります。エリクソンによる乳児期の発達課題は，母親との相互作用を通して他者への信頼の基礎となる感情を得ることであるとされます。また，ボウルビィ（Bowlby, 1969）によると，乳児期における母親との愛着関係を基礎として，3 歳頃までに人間観や社会的スキルなどの基本的な概念であるインターナルワーキングモデル（内的作業モデル）が成立します。

(2) 幼児期の発達

　乳児期以降，6 歳頃（小学校就学前の時期）までを幼児期と呼びます。この時期は言葉の発達がめざましく，語彙の増加とともに自分の意思を言葉で表現できるようになります。また，4 歳前後から言葉がコミュニケーションだけではなく，思考の道具として機能するようになります。ピアジェの発達段階説では前操作期にあたり，思考が直観的，すなわち対象の見かけに左右されやすいという特徴があります。なお，この時期の発達は月齢による差や個人差が大きく，例えば同じクラスの中でも能力にはかなりのばらつきがあります。標準的な発達を理解しつつも，それにとらわれすぎず個々の姿を捉えていく姿勢が必要であるといえます。

　エリクソンによる幼児期の発達課題は，自分の意思で積極的に行動すること（自律性，自主性）と，それがうまくいかなかったときの恥ずかしさや失敗を恐れる感情を乗り越えることとされます。また 2 歳頃になると，いわゆる「イヤイヤ期」と呼ばれる「第一次反抗期」を迎えます。自分が親とは別の存在であることに気づき（自我の芽生え），それとともに親の言うことに反抗したり，自己主張をしたりするようになります。その一方で大人の手を借りずに自分でやってみることに興味をもち，自発性が育ってくる時期でもあります。

　幼児期の認知や社会性の発達は遊びの中に特徴的にみられます。例えば 3 歳頃の遊びには，同じ場所で同じ活動を行っていても，子ども同士の交流は多くはないという特徴が見られ，パーテン（Parten, 1932）はこれを平行遊びと呼んでいます。その後，遊びの中で徐々に仲間の存在を意識するようになり，幼児期後半では，協力してひとつのものを作り上げる活動や，子ども同士でルールを作り，それを守ろうとする姿もみられます。さらに 4 歳頃には心の内容や状態に関する知識である「心 の 理 論」（theory of mind: Premack & Woodruff, 1978）が獲得されることで，身近な人の気持ちを察して自分の感情や行動を抑制す

ることが少しずつできるようになります。

　仲間との関わりが活発になるにつれて，いざこざやけんかなども多くなります。特に相手に対して主張はできてもその理由をうまく表現できないことや，相手と自分との視点の違いに気づけないこと（自己中心性）などにより，気持ちの行き違いが生じてしまいます。このような仲間とのトラブルは，一見ネガティブな出来事にもみえますが，それによって身体的，心理的な痛みや仲直りできたときの喜びなどを体験する中で，問題の解決の仕方，仲間との上手なつきあい方を学ぶことができ，社会性の発達にとって重要な機会であるといえます。

（3）乳幼児期の保護者支援

　幼稚園や保育所，認定こども園などにおいては，通園している子どもだけでなく，その保護者，さらには地域の子育て家庭に対する支援も求められています。ここでは，乳幼児の保護者に対する相談支援の姿勢について考えてみます。

　核家族化や都市化の影響により，家庭や地域における子育ての世代間伝承が難しくなっているといわれています。そのため，保護者は乳幼児期の発達や子育てに関する知識が不足したり，メディアの影響で偏っていたりします。このような状況をふまえると，保護者に対しては発達や子育てに関する正しい知識を提供することも重要ですが，その背後にある，なぜそのような悩みを抱えているのかという，保護者の心情に寄り添った支援が必要であるといえます。

　また保護者は，子育てに関する悩みが今後もずっと続くのではないか，という見通しの持てなさに対する不安を抱えている場合も少なくありません。このため，現在の子どもの発達とともに，その先の見通しを持つための支援も重要になります。多くの子どもと関わっている保育者がその専門性や経験を生かして発達の見通しを伝えることは，保護者の子育てに対する不安を和らげる重要な支援であると考えられます。

3. 児童期の発達と仲間関係

（1）児童期の発達

　児童期はおよそ小学生の期間（6〜11歳頃）に相当します。小学校生活の開始とともに，生活の中心が徐々に家庭から学校へと移っていくため，認知や社会性の発達も学校での学習や仲間関係の影響を強く受けるようになります。小学校入学は著しい環境の変化を伴いますが，近年，小学校への就学による環境や生活スタイルの変化，そして学習への適応が難しい子どもたちの存在が指摘されています（小1プロブレム）。この課題に対して，幼児教育の中で机上活動を増やすなどの小学校への準備教育（アプローチカリキュラム），小学校入学直後に生活科などの中で遊び活動を取り入れた学習の実施（スタートカリキュラム）や，幼児教育機関と小学校との間の連携（「架け橋期」の教育）が進められています。

　児童期の認知発達は，児童期の脳神経の発達と学校教育における学習経験が相まって成し遂げられていきます。ピアジェの発達段階説によれば，児童期は主に具体的操作期にあたり，終盤には形式的操作期にさしかかります。

　また，エリクソンによる児童期の発達課題は勤勉性の獲得であり，学校の勉強を初めとして積極的に目標を達成することや，その中で自分の能力に対する自信（有能感や自己効力感）を育むこと，さらにはうまくいかなかったときの劣等感を克服することが課題となります。

（2）児童期における対人関係

　児童期の対人関係に影響するものとして，社会的視点の獲得が挙げられます。セルマン（Selman, 1976）によると，6歳頃に相手の視点に立った考えができるようになり，9歳頃に

表2-3 ギャング・エイジにおける仲間集団が社会性の発達に及ぼす効果

準拠集団	仲間の行動を通して，自己の行動の枠組みを学習する（準拠枠）。欲求を抑制することや相手の立場に立って考えることなど，対人関係におけるルールを学習する。
帰属意識，居場所感	仲間集団に所属していると感じること（帰属意識）や居場所があると感じること（居場所感）により精神的な安定がもたらされ，社会性の発達にとって重要な感覚を得る。また，仲間関係が適切に維持されることで，集団行動に対する肯定的感情が育まれる。
競争と協力	仲間との遊びや学習における協力や競争を通して，自分の力を高めようとする。また，競争における攻撃的感情や負けたときの否定的感情の受け止めや対処を学ぶ機会となる。
自分の特徴や役割の認識	仲間集団における振る舞い方やリーダーシップを通して，自分の個性や集団における役割を認識することができる。

は複数の視点を関連づけられ，12歳頃には社会的な規範などの社会的視点が獲得されます。

　また，児童期の社会性の発達には学校の仲間関係が大きく影響を及ぼします。児童期半ばの特徴的な仲間関係を「ギャング・エイジ」と呼びます。ギャング・エイジとは，同性・同年齢で構成される3～5人程度の非公式な小集団のことです。それまでの仲間関係は席が隣であるとか家が近いなどの外的な条件に左右されがちであるのに対して，ギャング・エイジの集団は気が合うなどの心理的（内的）な要因による結びつきにより形成されます。また，仲間集団で密接な関係を結ぶ一方で，他のグループや教師とは距離を置こうとする，閉鎖的で排他的な傾向もみられます。ギャング・エイジに代表される児童期の仲間との体験は，社会性の発達において様々な効果があります（表2-3）。但し，集団規範や同調の圧力が高まったり，集団内での役割が固定してしまうことで個性が生かせなかったり，個人にストレスが生じてしまうこともあります。さらには，集団同士のトラブル，集団による非行や逸脱などの問題行動が生じるなど，仲間集団には時として負の側面もあり，教師の介入が必要になる場合もあります。

　児童後期（小学校高学年）では，上級生としての責任感や指導性が発揮され，学級会や委員会活動などにおいてある程度自律的な集団活動ができるようになり，仲間関係も広がります。一方で，仲間関係の複雑化に伴う課題も現れるようになります。また，生活の中で勉強の占める割合が増加するのに伴って，学習成績の個人差が友人関係や学校への適応に影響するという側面も現れます。そしてこれらの問題は，いじめや不登校の原因になることがあります（4，5，11章参照）。

4. 思春期の発達

(1) 思春期の始まり

　一般的には，児童期を終える12歳頃から20代前半頃の期間を青年期と呼び，その序盤である中学生頃の時期が思春期に相当します。また，児童期終盤である小学校高学年も思春期の始まりの時期と捉えることもできます。この時期は子どもではなくなりつつあるものの，まだ大人でもない，非常に曖昧である意味不安定な時期であるといえます。

　思春期の始まりを特徴づけるものとして，急速な身体の発育（発育スパート）と，第二次性徴期が挙げられます。第二次性徴とは，生殖器の発達，性ホルモンの分泌が盛んになり，男女の性的特徴が明確になることです。男子は骨格・筋肉の発達，声変わり，精通，女子は身体に丸みを帯びる，初潮など，身体の急速な変化が生じます。発育スパートや第二次性徴が現れる時期には個人差がありますが，平均すると男子が11歳半ば，女子が10歳前後で，女子の方が早いといわれます。この時期は，身体が急速に大人に近づくのに対して，精神面がそれに追いつかず，不安定な精神状態を経験することになります。中でも精通，初潮などは不安や羞恥心

を喚起しやすいとされます。また，性に対する興味や好奇心が膨らむ時期でもあるため，自分自身や他者を大切にするための適切な性意識，知識を身につけることが課題となります。

　思春期の心理発達の特徴のひとつとして，「自我の目覚め」と呼ばれる，自分とは何者であり，これからどうなっていくのかについて考えるようになることが挙げられます。小学生までは将来の進路や職業などの将来像は夢や理想の範囲ですが，中学生になると，受験や進学などの現実的な問題と相まって，自分の現在と将来像について深く考えるようになります。

(2) 思春期の課題

　思春期の自我の目覚めに伴って，親や教師から独立したいという気持ちが高まり，それが大人に対する反抗となって現れます。この時期は，2歳頃の自我の芽生えに伴う第一次反抗期と対比して「第二次反抗期」と呼ばれます。思春期では，友人や異性との関係，学習や進路，日常生活などについて，保護者をはじめとする大人からの指図や干渉を受けたくないという気持ちが強くなりますが，他方で保護者にとってはまだ子どもであるという感覚も強く，このような両者の意識のずれが，反抗に拍車をかけることもしばしばです。

　また，思春期の不安定な感情によって精神的な混乱や不適応を経験し，様々な問題行動を引き起こすこともあります（思春期危機説）。例えば，親への反抗がエスカレートして家庭内暴力や家出に至ったり，大人への憧れによる飲酒や喫煙，また万引きや暴力行為などの反社会的行動や，不登校，社会的ひきこもりなどの非社会的行動として現れたりすることもあります（4章参照）。但し，親を疎ましく思って口応えをしたり，会話が少なくなったりはしても，極端な反抗を示すことはない場合も多くあります（思春期平穏説）（村瀬，1984）。

　思春期における大人や社会への反抗は，ネガティブな側面が強調されがちですが，その中で自分自身について模索しているともいえるので，反抗期は大人になるための必要な時期として捉える必要もあるでしょう。また同じ感情を共感できる存在としての友人の存在が重要な意味を持つようになります。大人への反抗という共通した悩みを抱えることによって，より心理的に強固な結びつきが生まれ，生涯を通した親友ができる時期でもあります。

5. 青年期の発達とアイデンティティの達成

(1) 青年期の発達課題

　ここでは，青年期のうち主に前節で述べた思春期以降の特徴について述べます。なお，先に述べたとおり青年期は一般的には20代前半の時期までとされ，学生から社会人へと社会的な立場が変わる時期と重なります。但し，就職＝青年期の終わり，と割り切れるものでもなく，社会人になった後もしばらくは青年期の特徴が続くこともあるため，近年では18歳から30歳未満までを「若者」と総称することもあります。

　青年期の発達課題として，エリクソンはアイデンティティ（自我同一性）の達成を挙げています。アイデンティティとは，自分が他の誰とも違う独自の存在であること（斉一性）と，自分は今までどうやって自分になり，そしてこれからどうなりたいのか（連続性）についての感覚を備えていることで，さらにはこれらの感覚が他者の評価と一致するという認識を持っていることを指します。端的にいえば，自分はこのような人間であるということを自他共に認め，自覚している状態であるといえます。

　青年期においてアイデンティティを達成することは，その後社会的に自立した成人となるために必要な心理的成長であるといえます。マーシア（Marcia, 1966）は，青年期にどのような過程を経てアイデンティティを達成するのかについて，「探求（人生の重要な選択・決定について困難や葛藤を経験したか）」と「積極的関与（自分の人生の課題に対して積極的に取り組

図2-1　マーシアによるアイデンティティ・ステータス

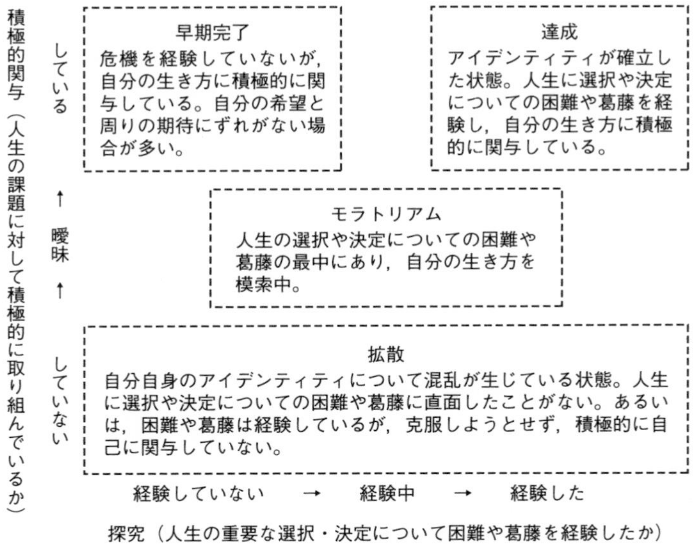

積極的関与（人生の課題に対して積極的に取り組んでいるか）

している

↑
曖昧
↑

していない

早期完了
危機を経験していないが，自分の生き方に積極的に関与している。自分の希望と周りの期待にずれがない場合が多い。

達成
アイデンティティが確立した状態。人生に選択や決定についての困難や葛藤を経験し，自分の生き方に積極的に関与している。

モラトリアム
人生の選択や決定についての困難や葛藤の最中にあり，自分の生き方を模索中。

拡散
自分自身のアイデンティティについて混乱が生じている状態。人生に選択や決定についての困難や葛藤に直面したことがない。あるいは，困難や葛藤は経験しているが，克服しようとせず，積極的に自己に関与していない。

経験していない　→　経験中　→　経験した
探究（人生の重要な選択・決定について困難や葛藤を経験したか）

んでいるか）」という基準により，アイデンティティの達成に向けた4つのステータス（地位）を示しています（図2-1）。これによると，困難や葛藤を経験しつつ，その課題に積極的に立ち向かって解決することでアイデンティティの達成に向かうと考えられます。その前には自分の生き方を模索するモラトリアムの時期があり，その期間として社会人としての労働を免除された学生時代が重要な意味を持つといえます。なお，子どもの頃から進路を決定し，それに向かって努力を続けて進学，就職した場合は，人生の重要な選択・決定について積極的に関与はしているものの大きな困難や葛藤を経験しない場合もあり，これは早期完了と呼ばれます。このような場合，自分の理想通りの人生であるために自信や自己肯定感は高いと考えられますが，困難を経験していないために，予想外の出来事に遭遇すると脆い面もあります。

(2) アイデンティティの課題と支援

　青年期のアイデンティティの達成における課題として，価値観が多様化している現代社会においては，選択肢が多い分人生の目標を定めることが難しくなることがあります。また，困難な経験に対して消極的だったり，失敗経験に対する耐性が弱かったりする青年の姿も散見されます。このような場合，アイデンティティが達成されず，拡散状態が続くことになります。このようなアイデンティティの達成に関わる課題は，うつ病や摂食障害をはじめ青年期以降に増加する様々な問題の背景にある場合も少なくありません（7章参照）。

　また，自分自身のアイデンティティを社会に示すための手段のひとつである職業選択は，アイデンティティの達成と密接な関係にあると考えられます（Super, 1957; 都筑, 2007）。他方で，NEET（若年無業者）に代表される進路選択ができない若者の増加は，青年期におけるアイデンティティの達成の難しさの問題を反映していると考えることができ，教育相談とともに心理的側面からのキャリア教育，就労支援の必要性が指摘されています。

考えてみよう

　発達の過程においては，その時期ごとに様々な困難を経験することが多くあります。発達において，困難を経験することの重要さについて考えてみましょう。

コラム2　高校教員の日々の教育相談

高橋美和子（青森県立三本木農業恵拓高等学校教頭）

　コロナ禍でマスク生活になってから，生徒と話をしているときに，「先生怒ってるの？」と言われることがありました。どんなに忙しくても，パソコンに向かって仕事しながら声だけで返事をするのはやめようと心がけていたつもりでしたが，きちんと体を生徒の方に向けて，顔を見て応対していても，マスクで口元が見えないということは，それだけで生徒に不安を与えるのだとわかりました。それ以来，前にも増して，相づちやうなずきを多くし，目元だけで笑顔だとわかるよう表情の研究もしました。おかげで目元と首にしわが増えました。

　生徒の思っていることを聞こうとするとき，相手の方から話しかけてくれるとは限りません。生徒の方で話したいことがあっても，いつも忙しそうな先生だと悪いなと思って話しかけられませんし，そもそもいつも一方的に自分の意見だけを押しつけてくるような先生には，話しかけたくありません。いつもと違う様子に気づけるように，普段から観察しておくことが大切ですし，その行動の背景に何があるのかと思いをめぐらす習慣も大切です。「先生はいつも悩みがなさそうでいいね」と言われて，「何かあったの？」と聞き返せるように，スタンバイが必要です。生徒から話を聞き出すのが上手な先生は，もともと上手なのではなくて，意識して話しかけられやすい状態を作り出しているのです。

　無口でしゃべらない生徒も，注意が必要です。何もしゃべらないのは，話したいことがないのではなく，"無口な人間"を全力で表現しているのです。人は生きている限り何かしらの自己表現をしています。定型発達ではない生徒も，彼らなりの表現で自分を表現しています。自分のことを上手に表現する方法を指導する機会は他にもありますから，まずは状況を見てチャンネルをあわせられるように，様々な生徒の表現を受け取る準備をしておかなくてはなりません。

　時には生徒にだまされることも必要です。その生徒自身も，「本当はそうだとよかったのに」と思い込みたいのか，無意識に嘘をついているのかもしれません。嘘をついてはいけないことや社会のルールを指導する機会は他にもありますから，その生徒の言い分の中に隠されていることは何なのか，だまされながら探ってみましょう。真実だけが正しいわけではなく，人の数だけ正しさはあるのです。卒業した後の世の中ではいろいろな正しさが衝突しているのですから，何が正解なのか教えてもらうのを待つのではなく，自分で正解にたどりつく術を身に付けるしかありません。先生はもはや正解を教えてくれる人ではなくなりました。

　成績不振で進路変更せざるを得ないという悩みから，体調を崩しがちになり，早退をくり返すようになった男子生徒がいました。成績のことが原因なので，評価とは関係ない立場で話を聞いてくれるスクールカウンセラーの方が話しやすいかと思い，彼も希望したので，カウンセリングに行くよう勧めましたが，その後もあまり症状に変化はなく，何日か経ちました。その日も早退することになり，保護者が迎えに来るまで保健室で待っていました。養護教諭が不在の日だったので，二人で雑談して，その流れで先日のカウンセリングはどうだったのか聞くと，ポツリポツリとカウンセラーに聞かれたことなどを話してくれました。そのうち，「医者以外に人の役に立つ仕事はあるのかな」と聞きました。もちろん，世の中には人の役に立たない仕事などありませんが，小さい頃から自分も周囲も，医者になって人の役に立つ人間になることだけを思い続けてきたからこそ，行き詰まっている彼の状態がよくわかりました。確かに医者は人の役に立つ仕事だけれど，その医者を助けて支えている人たちがたくさんいること，医者を支えられるようになるだけの技術や知識を身に付けるためには，その人たちもたくさん勉強していること，人の役に立ちたいという気持ちの強い彼ならどんな仕事でも大丈夫だけれど，例えば医療に詳しいメーカーに勤務して医療機器の開発をするなど，医療の発展のために一生懸命勉強してやれることがいくらでもあることなどを話しました。すると，最後に彼は，「カウンセラーじゃなくて，先生と話したかったのかもしれないな」と言いました。

　自分の言葉を遮らずにただ誰かに最後まで聞いて欲しいと思うだけではなく，自分のことをよく知っていると思われる人にこそ聞いて欲しいときがあるのだと思い，安易に専門家を勧めた自分を反省しました。

　立ち止まっている生徒に，人生の先輩として何か実のあることを言って背中を押してあげなければ，という気負いは不要です。生徒は自分で話しているうちに，自分で気づいて，どうやって歩き始めればいいのかを見つけ出します。彼も親の反対を押し切って地元の大学の工学部に進み，自分で歩き始めました。

　担任や顧問など，自分に関わりのある生徒すべてに対して，いつ話しかけられてもいいように常にスタンバイしておく必要はありません。どうしても合わない生徒もいるかもしれませんが，その生徒にとって自分のことを話せる誰かが周りにいることが確認できているのなら大丈夫です。生徒の予想外の申し出に，「そう来たか！」と余裕をもって応対できるよう，日頃から同僚の先生たちとも情報交換しておきましょう。

3章 これからの教育相談のあり方

　「教育相談」と聞いて，みなさんはどのような光景をイメージされるでしょうか。校内の相談室でスクールカウンセラーが児童生徒や保護者と話している様子をはじめ，近年は SNS などを活用したオンラインでの相談窓口など，それぞれに想像する場面や光景があるかもしれません。本章では，文部科学省（2022）による改訂版の「生徒指導提要」に示されている考え方をベースに，全ての教職員（教員と教員以外の職員・専門職等）による，全ての児童生徒が対象となる，これからの新しい教育相談の姿について考えてみましょう。

1. 教育相談のこれまでとこれから

(1) 生徒指導と教育相談の関係

　かつて，「生徒指導」が，集団を対象として非行・犯罪をはじめとする反社会的行動に対応するものであるのに対して，「教育相談」は，個人を対象として不安や無気力等の非社会的行動に対応するものというイメージがありました。筆者自身がスクールカウンセラーとして勤務した学校では，校内の教育相談室で生徒への個別対応（カウンセリング）のみを依頼され，教室環境の確認や調整に動くことが難しかったり，「生徒指導」の会議への出席を希望しても「教育相談とは関係ないので」と断られたりした経験もあります。今にして思えば，「部外者」と見られがちだったスクールカウンセラーへの警戒感が強かったのかもしれません。

　現在では，2015 年 12 月の中央教育審議会答申「チームとしての学校の在り方と今後の改善方策について」に代表されるように，教員以外の専門職も，チーム学校の一員と考える「多職種連携・協働」の考え方が当たり前になってきました。近年は，スクールソーシャルワーカー（社会福祉士等）やスクールロイヤー（弁護士）の配置・派遣等が拡充されるとともに，スクールカウンセラー等が専任の職員として学校に常駐するところも少しずつ増えてきて，名実ともに「部外者」ではなくなりつつあります。様々な関係機関が参加する「要保護児童対策地域協議会（要対協）」を軸に，法務少年支援センター（少年鑑別所内）や子どもの生活と学習を支援する地域の NPO 等，教育・心理・矯正・医療・福祉といった「多職種」の連携・協働によるチームで子どもたちを育てることが日常の姿になっています（4，9 章参照）。

　そして今日，チームで支援に取り組む際，「教育相談」が「生徒指導」の一環として明確に位置づけられるようになりました。生徒指導は，従来から集団を対象とした指導が展開されてきましたが，教育相談の方法についても，一人一人が抱える課題に個別に対応した指導を行う「カウンセリング」のみならず，主に集団の場面で行う指導や援助である「ガイダンス」を含めて考えることになります。このガイダンスとカウンセリングという言葉は，学習指導要領の総則とその解説にも記載されており，一人一人の発達を支える働きかけの両輪として捉えることが大切です。特に「ガイダンス」は，20 世紀初頭の職業指導に源流があり，現在の進路指導・キャリア教育へと受け継

がれていますが，今日，心身の健康や学校生活への適応（特に入学当初）及び人間関係の形成，進路にも関わる教科・科目の選択等まで幅広い課題に対応するものとして展開されています。そして，個別最適な学びと協働的な学びの一体的充実が期待される各教科等の授業においても，教育相談の考え方を意識した日常的実践が求められています。

(2) 教育相談の重層的支援構造

　少し別の角度から見てみましょう。『生徒指導提要』（改訂版）では，2軸3類4層から成る生徒指導の重層的支援構造が示され，生徒指導の一環である教育相談についても同様の枠組みで描かれています。まず，表3-1の一番下にある「困難課題対応的教育相談」は，すでに不登校の状態にある児童生徒への対応など，特定の児童生徒が対象になり，カウンセリングなどの個別の対応を含むイメージになります。その上には「課題予防的教育相談」があり，一部の児童生徒を対象とする「課題早期発見対応」と，全ての児童生徒を対象とする「課題未然防止教育」が含まれています。そして，新しい概念として登場したのが，さらに上に描かれている「発達支持的教育相談」であり，これも全ての児童生徒が対象とされています。注目すべきは表3-1の左列にある2軸〈時間軸〉のところで，全ての児童生徒を対象とする発達支持的教育相談と課題未然防止教育は，「常態的・先行的（プロアクティブ）」と表現されています。ちなみに，学校心理学の分野では，石隈（1999）などにより，3つの心理教育的援助サービスという考え方が早くから提示されていました。表3-1の右列にあるように，対象となる児童生徒の範囲により一次的，二次的，三次的に区分され，担任としての授業実践等も，全ての児童生徒が対象となる一次的援助サービスに含めて考えることができます。すなわち，何か問題が起きてから教育相談等の対応を始めるというよりは，日常の教育活動を通じて児童生徒を支援する視点を持つことが重要であり，そのためには，特定の教職員のみならず，学級・ホームルーム担任や教科担任を含む全ての教職員がチームの一員として共通認識を持つことが求められます。

　ここで表3-1の左列にある「常態的・先行的（プロアクティブ）」の意味をもう少し掘り下げて考えてみます。まず，何か問題が起きる前から動いているという意味で「先行的」というのは文字通りわかりやすいです。一方，併記されている「常態的」については，問題が起きていなくても日常的に動いているという意味で「先行的」と重なる部分はありますが，それだけではないように思われます。例えば，不登校の状態にある児童生徒は「困難課題対応的教育相談」の対象ですが，その児童生徒が突然「今日は教室で授業を受ける」と言い出したら，どの先生が担当している授業であっても，その児童生徒にとって安心・安全な環境の提供に努めなければなりません。すなわち，「全ての児童生徒」には「特定の児童生徒」も含まれていて，発達支持的教育相談あるいは一次的援助サービスの場の1つとして考えられる通常の授業時間においても，その「特定の児童生徒」への対応が求められることになります。もし，元々の教

表 3-1　教育相談の重層的支援構造と心理教育的援助サービスの対応関係

2軸 〈時間軸〉	3類 〈課題性〉	4層 〈対象となる児童生徒の範囲〉	学校心理学における 心理教育的援助サービス
常態的・先行的 （プロアクティブ）	発達支持的教育相談	全ての児童生徒	一次的 援助サービス
	課題予防的 教育相談	課題 未然防止教育	
即応的・継続的 （リアクティブ）		課題 早期発見対応	一部の児童生徒	二次的 援助サービス
	困難課題対応的教育相談	特定の児童生徒	三次的 援助サービス

室環境に安心・安全を実感しづらい状況があって，別室登校や不登校に至った経緯があるなら
ば，教室環境を放置したまま，特定の児童生徒だけを頑張らせて，過酷な環境に「適応」させ
るというのは，本来の教育の姿ではないはずです。言い換えると，困難課題対応的教育相談を
通じて，特定の児童生徒を支援しつつ，発達支持的教育相談や課題未然防止教育を同時並行で
バージョンアップさせて，カウンセリングのみならずガイダンスの視点からも，全ての児童生
徒にとっての安心・安全を保障する環境づくりに努めておくことが全ての教職員の役目になり
ます。

　よって，この「常態的・先行的（プロアクティブ）」という表現には，問題が起きる前から
の「先行的」な取り組みを行うという意味に加えて，「即応的・継続的（リアクティブ）」な対
応をしながら，その対応を日常の環境づくりにフィードバックしていくこと，すなわち，問題
が起きた後の「継続的」な取り組みの延長線上に次の「新しい常態的な取り組み」を作り出し
ていくという意味を見出すことができるように思います。学校心理学の枠組みで言えば，二次
的・三次的援助サービスの実践を通じて，一次的援助サービスをバージョンアップするという
循環的なプロセスと表現することもできるでしょう。このように，時間軸で考えると，生じた
「問題」それ自体に対処して終わりということではなく，その問題から日常のあり方を問い直
し，学校・教室の状況を継続的に改善していくサイクルを回していくことが大切になります。
そのためには，特定の教員だけで対処して終わりということではなく，校内外の連携による
チーム全体で課題意識を共有し，次の世代の教職員にも引き継いでいく取り組みが求められま
す。次の節で，その体制づくりについて考えてみましょう。

2. 未然防止，早期発見および支援・対応等への体制づくり

(1) チーム支援の進め方

　『生徒指導提要』（改訂版）では「3.4 生徒指導と教育相談が一体となったチーム支援」とい
う節の中で，いわゆる PDCA サイクル（Plan：指導計画→Do：実施→Check：点検・評価→
Action：改善）の視点からチーム支援のプロセスが描かれています。表 3-2 に整理しました。
表中では「生徒指導」と記しましたが，本章の文脈では「教育相談」に読み替えが可能です。

　日常の取り組みとして大切なのは，表 3-2 の左側「発達支持的生徒指導及び課題未然防止教
育の場合」のプロセスですが，それは決して右側の「困難課題対応的生徒指導及び課題早期発
見対応の場合」と切り離して考えるということではありません。例えば，左側の 1 番目には
「学校状況のアセスメントとチームの編成」とあります。ここでいう「学校状況のアセスメン
ト」には，自校の不登校やいじめ，暴力行為などの経年変化や問題行動の傾向や特徴，学習状
況の問題点などを把握することが含まれます。すなわち，表 3-2 右側の「困難課題対応」等の
これまでの蓄積や成果・反省点を踏まえて，表 3-2 左側の日常のサイクルを回していくわけで
す。そして，左側 3 番の「取組プランの作成」においては，学校の内部環境（児童生徒，教職

表 3-2　チーム支援のプロセス

順序	「発達支持的生徒指導」及び 「課題未然防止教育」の場合	「困難課題対応的生徒指導」及び 「課題早期発見対応」の場合
1	学校状況のアセスメントとチームの編成	チーム支援の判断とアセスメントの実施
2	取組の方向性の明確化と目標の共有	課題の明確化と目標の共有
3	取組プランの作成	チーム支援計画の作成
4	取組の具体的展開	チーム支援の実践
5	点検・評価に基づく取組の改善・更新	点検・評価に基づくチーム支援の終結・継続

（『生徒指導提要』（改訂版）を基に筆者作成）

員，校内体制，施設，校風や伝統など）とともに，外部環境（保護者，地域住民，関係機関，自然・風土，産業など）にも着目した上で，それぞれの「強み」を生かしながら，「弱み」を乗り越えていく方向性を探ることが求められます。

　児童生徒の「強み」にしても，地域の「強み」にしても，それらを見つけるには，複数の教職員の視点が必要です。このことは，特定の児童生徒を対象とする右側1〜3番のアセスメントから支援計画の作成までのプロセスにおいても重要で，目につきやすい「弱み」にばかりとらわれてしまうと，「あれもダメ」「これもできていない」などとネガティブな評価ばかり共有されてしまい，ますます「強み」が見えにくくなってしまうおそれがあります。「弱み」だけ見ていても，実効性のある支援の構築はできません。そのような時に必要とされるのが，これまで当該児童生徒と接点の少なかった教職員の視点や，今までと違う角度から児童生徒を見立ててくれる専門職の視点ということになります。

(2) 支援チームのあり方

　従来は学級・ホームルーム担任による抱え込み型の生徒指導や教育相談が見られましたが，上で述べたようなチーム支援のプロセスにおいては，教職員集団の同僚性・専門性をベースとしながら，多職種による連携・協働型の生徒指導・教育相談へと転換していくことが求められます。そこで，表3-3に，『生徒指導提要』（改訂版）で取り上げられている支援チームの形態をまとめました。「発達支持的教育相談」などの日常の取り組みにおいては，最小単位の「機動的連携型チーム」で動くことが多いと想定されます。一方で，特定の児童生徒を対象とする「困難課題対応的教育相談」では，校内連携型やネットワーク型の支援チームが力を発揮します。これらは，管理職のリーダーシップによるマネジメントの下で動くことになりますが，それぞれの支援チームにおいてはコーディネーターの存在が核となります。具体的には，生徒指導主事，特別支援教育コーディネーター，学年主任等のミドルリーダー，そして養護教諭，スクールカウンセラー，スクールソーシャルワーカー等の専門職が挙げられますが，特に教員と教員以外の専門職のつなぎ役として多職種連携・協働のハブとなり，児童生徒及び保護者のニーズに応えるチーム体制を構築していくのは「教育相談コーディネーター」の役割と言えます。学校によっては「教育相談主任」「教育相談担当」などと呼ばれているかもしれません。

　ここで，チームでの支援及びコーディネーターが必要となる理由を別の角度から考えてみます。「教育相談」という場合，児童生徒あるいは保護者が学校の教職員に相談する内容には，どのようなものが考えられるでしょうか。例えば，学校心理学の分野では，学習面，心理・社会面，進路面，健康面に整理して捉えます。授業についていけない，わかりづらいといったものは学習面の相談になり，同級生との関係や部活動での先輩・後輩との関係などの悩みは心理・社会面の相談，進学や就職等でどう決めたらよいか迷っている時などは文字通り進路面，そして，心身の不調などは健康面の相談ということになります（1章参照）。

　相談内容の違いによって，どの教職員に相談したらよいかも変わってくるのは当然ですが，実践場面で課題となるのは，児童生徒や保護者の悩みが必ずしも1つの面だけにとどまらない

表3-3　支援チームの形態

支援チームの形態	チームの特徴
機動的連携型支援チーム	担任等と学年・各校務分掌の最小単位の連携・協働
校内連携型支援チーム	ミドルリーダーのコーディネーションによる連携・協働（校務分掌や学年を超えた支援チーム）
ネットワーク型支援チーム	地域・関係機関等との連携・協働（緊急支援を含む）

（『生徒指導提要』（改訂版）を基に筆者作成）

場合です。健康面での不安から進路面での悩み（例：体力的に長距離通学できるか）が生じていることも考えられますし，「協働的な学び」が重視されている今日，心理・社会面での不安が学習面の困難（例：グループワーク場面で緊張してしまい，学習内容が頭に入ってこない）につながるケースも想定されます。加えて，複数の困難に直面していると，何をどこから誰に相談してよいか，本人には判断が難しくなり，援助要請（本田，2015）等の機会を逃して対応が遅れてしまい，困難が増幅するおそれもあります。こうした複雑なニーズを早期に捉え，必要なリソースにつなげたり，組織的に環境の調整に向けて動いたりする中心として教育相談コーディネーターの役割はとても重要と言えます。

3．チーム学校として専門家や関係機関と連携するために

(1) 複数の視点からの情報を共有する

　近年は，一人一台端末を活用した心や体調の変化の早期発見（文部科学省，2023）といった取り組みも注目され，重点的な支援が必要な児童生徒を見つける「スクリーニング」のための情報収集・共有の環境は整いつつあるように見えます。しかし，単に情報を共有するだけで多面的なアセスメントが可能になるのでしょうか。じつは，「共有」「共通認識」には落とし穴があります。実際，当該児童生徒やその環境の「強み」に着目することが大切なのに，「弱み」ばかりを共有してしまって，袋小路に入っているケースを見かけます。どんなに情報を「共有」して「共通認識」を作っていても，多面的な見立てになっていなかったり，「これは『○○障害』」とレッテルを貼るだけになっていたりする場合はとても危険です。そうした教職員のネガティブな視点や姿勢が（意図していないとしても）当該児童生徒に伝わってしまって信頼関係を損ねることがありますし，周囲の児童生徒が教職員の言動を無意識のうちに取り入れてしまい，当該児童生徒に同様の言動を発したら，それがいじめの加害行為と認知されてしまうこともあります。いじめ防止対策推進法における「重大事態」などは，こうしたボタンの掛け違えから思わぬ形で生じることが少なくありません（5，10，13章参照）。

　そのような事態の未然防止や早期発見・対応のためには，異なる専門性を持つメンバーの視点を共有することこそが必要です。例えば，スクールソーシャルワーカー等の専門職が参加するケース会議を設けたり，法務少年支援センターの専門職員を招いていじめ予防授業やアセスメントを依頼したりするなど，専門職間で相互コンサルテーションのきっかけを日常的に構築していくことが望まれます。相互コンサルテーションとは，あくまで専門職同士という対等な立場で，相手の専門性を尊重しながら双方向的に話し合うことを指します。「困難課題対応的教育相談の事例だから，あとは心理職・福祉職の専門家にお願い」という丸投げではなく，専門職としての「教員」だからこそ見えること，そして「心理職」「福祉職」だからこそ見えることを相互に交換して，支援に生かしていくことが期待されます（9章参照）。加えて，表3-2に示したようなプロセスが回り続けることで，次第に相手の専門性の中身，特に肩書や資格だけではわからないその人なりの持ち味についても理解が深まってくることに意味があると考えられます。専門職として相互の成長が促進されてこそ，多職種連携・協働の価値が高まります。

　ただし，チームのメンバーは毎年入れ替わりがありますし，児童生徒の状況も時間経過とともに変化します。そして何より，教職員それぞれが多忙な毎日の中では，チームのメンバーが一堂に会して顔を合わせて情報共有や意見交換する時間と場所を確保することさえ困難となっている学校も少なくありません。そうした中で，連携・協働を実現させていくためには，限られた時間の中で何を共有すべきなのかを考えておく必要があります。

(2) BPS モデルから考える多職種の連携・協働

　多職種をつなぐ共通の視点の例として，BPS（生物・心理・社会）モデルが挙げられます。元々は，エンゲル（Engel, 1980）に代表されるように，精神医療の分野で提唱されたモデルですが，医療職と密接に関連する福祉職や心理職を通じて，教育分野との相性の良さも期待できます。『生徒指導提要』（改訂版）でも不登校の見方を例に紹介されているほか，表3-4 にあるように，東京都教育委員会（2018）が作成しているアセスメントについての資料の中でも，このモデルをもとにして身体・健康面，心理面，社会・環境面に観点例がまとめられています（4章参照）。

　こうしたモデルの活用にあたっては，本人の心理面や家庭環境にばかり注目するなど，教員にとって都合の良い「原因探し」に終始することのないよう留意する必要があります。一般に，人は自分に起きたトラブル等の原因を他者や社会などの問題に求める傾向があるのに対して，他者に起きたトラブル等の原因はその本人の問題に求めがちで，社会心理学では古くからロス（Ross, 1977）などにより「基本的帰属のエラー（fundamental attribution error）」と呼ばれて研究されています。教員を含む専門職は，自分自身が持っているかもしれない認知の歪みに自覚的であるべきですし，そのためにも多様な視点からの見立てを共有しながら学び続けることが大切です。

表3-4　東京都教育委員会（2018）の「登校支援シート」におけるアセスメントの観点例

身体・健康面	睡眠，食事・運動，疾患・体調不良，特別な教育的ニーズ
心理面	学力・学習，情緒，社交性・集団行動，自己有用感・自己肯定感，関心・意欲，過去の経験
社会・環境面	児童・生徒間の関係，教職員との関係，学校生活，家族関係・家庭背景，地域での人間関係

(3) 教師が学び続けることの教育相談的な意味

　かつては「怠け」「甘え」などの心理学的要因と誤解されていた現象が，現在では，発達障害や起立性調節障害など，生物学的な要因それ自体に加えて，周囲の無理解や不適切な関わりなどの社会的な要因によって二次的な問題が生じるということが知られるようになりました。また，「生活困窮家庭」と聞けば，単に経済的な困難という社会的要因だけではなく，BPS モデルを思い浮かべながら，もしかしたら食事が不十分だったり偏ったりしていて，体力低下や体の不調等の生物学的な要因が二次的に生じて，その結果として学習面での意欲が生じにくいという心理学的な問題に至っているかもしれないという想像が可能になりました。そして，過去の事件・事故や災害の影響（PTSD など），家族の障害や疾病，本人の内科的疾患（慢性疲労症候群など），ヤングケアラーといった見えづらい状況が重なっていることも，決して稀ではないということを私たちは歴史とともに学びつつあります（4，6章参照）。今後も，時代とともに，生物学や心理学等の学術的な研究が進み，これまで解明されていなかった要因が判明したり，新たな社会的要因が発見されたりすることが想定されます。

　このように，生物学的，心理学的，社会的要因にまたがる複数の要因が連鎖・重複して相互作用している状況を紐解いていくことは，担任1人では不可能であっても，チームで組織的に取り組むことで可能になるはずです。多分野の最新の研究成果に触れることも，決して1人だけでできることではありませんので，校内外のコミュニティで学び続けることが大切です。現状では，学校の教員を養成する教職課程のカリキュラムに医療や福祉の視点はほとんど入っていませんが，スクールソーシャルワーカーの養成課程では，教育の基礎理論や生徒指導等の教育関連科目群が設定されるなど，福祉と教育の両方の専門性が組み込まれている例があります。これからは，教職課程や教職員研修においても，多職種連携教育（IPE：Inter-Professional

Education）の観点からの継続的な学びの機会の充実が期待されます。そうした取り組みを通じて，児童生徒理解に関する共通認識をバージョンアップすることが，子どもの最善の利益につながるはずです。

考えてみよう

　実際の教育相談場面では，目に見えやすい問題行動の裏側に，多様な背景や事情が連鎖・重複していることも少なくありません。特に教員から見えにくい要因等について把握・理解するには，どのようなことに留意する必要があるでしょうか。

コラム3　帰国生の適応と教育

出口さくら（元ワルシャワ日本人学校教諭）

　私は現在，東京都公立小学校で教諭として勤務しています。採用されて10年以上が経ちます。2019年の4月から2022年の3月までの3年間，文部科学省の在外教育施設派遣教員として，ポーランドにある在ポーランド日本国大使館付属ワルシャワ日本人学校に勤務しておりました。

　3年間の勤務で延べ10人の児童生徒を担任しました。基本的に日本人学校の児童生徒は保護者の転勤によって転入学することになり，その帰国のタイミングもまた，保護者の転勤の状況により様々です。次の転勤のためワルシャワから日本に帰国する児童生徒もいれば，違う国に行く児童生徒もいます。

　文部科学省から派遣された私たち教員は，日本人学校に通う児童生徒が「いつか日本に帰国する」ことを想定し，日本と同等の教育活動を行うことを念頭に置いていますから，帰国後に児童生徒が苦労したり不適応を起こしたりしないように努力していますが，現実的には文化や生活経験の違いにより，難しい状況になることは少なくないようです。このコラムでは，私が実際に担任をし，その後帰国したご家庭に様子を聞いて知った帰国生の苦労や，それぞれの学校のよさ，日本人学校で学んだことが活かされた点などを紹介します。教職を目指す皆様に，児童の状況の多様さやその多様な児童の理解の一助となれば幸いです。

　まず，ワルシャワ日本人学校と，日本の学校の違いやそれぞれの良さについてです。特に大きな違いを生んでいるのが，その児童生徒の「数」です。ワルシャワ日本人学校は児童生徒が全体で10名程度でした。その分，ワルシャワ日本人学校では，一人一人，個に寄り添った丁寧な対応やフォローが可能でした。日本の学校でも，当然個に寄り添った対応は大切とされますが，やはりその密度は大きく違うといえるでしょう。帰国生は，日本の学校の児童生徒数に，そしてその人数が同じスピードで学びを進めていくことに大変驚きます。保護者の目線から見ても，児童生徒間のトラブルや交流について，確実に把握ができていた日本人学校と，本人や相手方の保護者から伝え聞くことでしか認識できないケースが多い日本の学校との違いには戸惑うことも多いようです。また，活動の面では，日本人学校は人数が少ないため，人前で自分の考えを発表・表現する機会が必然的に多くなります。このことは帰国してからも大きな強みになります。規模が小さいため，下学年の世話や面倒を見る機会も多く，責任感が大きく成長することなども，日本人学校のメリットといえます。

その反面，日本の学校は，児童生徒数が多いことがメリットにもデメリットにもなります。人数が多いゆえに，その後の社会生活でも欠かせない人間関係の調整力や距離感，価値観や協調性を身に付けることができます。デメリットは先ほど述べた通り，個々に寄り添った密度の高い指導はしづらくなることでしょう。そして，保護者の方から特に多かった声が，給食制度のメリットです。日本の給食はバランスもよく，地場食材を活用することなども多く食育の意味合いも強いです。日本人学校は弁当持参のため，食事のバランスは偏ることも多いのです。日本の給食制度には大きな価値を感じます。

では，帰国生の多くは何に苦労し，不適応を起こすのでしょうか。日本人学校に在籍していた時期やタイミングによっても様々あるようですが，そのタイミングが幼ければ幼いほど，日本で身に付けるべき語彙や習慣が習得しづらいことが挙げられます。食べ物の名前や季節ごとにある行事，物の名前など，日本の文化に直接触れる機会が海外滞在中は多くありません。その一部は日本人学校でも指導し，習得することができますが，日本の学校生活に特有の習慣などは，ワルシャワ日本人学校のような小規模校では習得できません。掃除や給食の当番活動，大人数で開催する運動会などが具体例として挙げられます。これは帰国後の日本の学校生活においては，不適応を起こす原因になることもあります。私たち文部科学省からの派遣教員は日本の公立学校の勤務経験があるため，実際の様子や体験談を，日本人学校での指導でも写真や映像を用いて伝えることができました。きっと帰国生にとっては心強かったことでしょう。

多くの帰国生は，帰国後，上記のような「規模の違いや文化・慣習の違い」に戸惑い，不適応を起こすことがあります。私はそのような帰国生を，日本の学校で担任したこともあります。多くの場合は，帰国後しばらくの間，不適応ですが，丁寧に対応していけば順応していくように見えます。もちろん，家庭の力添えや，教員側の継続的なフォローも大切になることは，言うまでもありません。

教員として大切なのは，どこで働くにせよ，目の前の児童生徒に丁寧に寄り添うことと，児童生徒の様々な状況の理解に努め，その場その場で必要な教育を適切に行う意識です。ワルシャワ日本人学校はとても小規模なので，このような規模や数の違いが帰国後も適応の鍵になりますが，他国の日本人学校は規模や文化もまた様々ですから，これが全てとは言えません。児童生徒は自分で学ぶ環境を自由に選ぶことは難しいです。教職に携わる者として，これからも様々な児童生徒の理解に努め，子どもたちが強くたくましく社会で生活していけるように，教育力をつけていきたいと思います。

4章 不登校・虐待・非行

1. 不登校

　不登校は虐待や非行と関連が深いことが知られています。ここではまず，不登校について説明します。

(1) 不登校の歴史と現状

　不登校とは，子どもに身体的な病気や経済的問題，精神疾患などの理由がなく，登校しない状態です。1940年代以前は「怠学」つまり怠けて学校に行きたくない状態とみなされました（Broadwin, 1932）。1940〜1950年代のアメリカでは，学校に行きたくても行けない状態を，「学校の病」（school illness）「学校恐怖症」（school phobia）と呼びました（Johnson et al., 1941）。我が国では文部省（当時）が1966年に初めて，50日以上（1991年からは30日以上）欠席した児童生徒の出現率（全体に占める割合）を算出しました。1975年頃から出現率の増加が著しくなり，社会問題化してきました。

　その後1970〜1990年代前半までは「登校拒否」（school refusal）と呼ばれ，ひきこもりが目立ってきました。1990年に適応指導教室事業が始まると，1992年には学校不適応対策研究協議会の報告で「不登校はどの子にも起こりうるもの」とされました。そして2001年には中学校のクラスに1人が不登校になりました。背景には親の離別やひとり親，貧困や虐待など，家庭内に居場所がなくさまよう間に非行に陥る傾向がみられます（1章参照）。

　さらに，コロナ禍だった2021年度は不登校数が過去最多になり，小学生の77人に1人，中学生の20人に1人が不登校でした。不登校数は2014年度以前と比べると2倍に増加し，その後も増加し続けています（文部科学省，2022）。令和3年度「児童生徒の問題行動・不登校等生徒指導上の諸課題に関する調査」では，小学校と中学校で24.5万人，高等学校を合わせると約30万人と不登校児童生徒数が過去最多になり，早急に対応すべき生徒指導の課題になっています。また同調査では，90日以上学校に行っていない不登校状態にもかかわらず，誰にも相談せず，指導も受けていない小中学生が約4.6万人いました。

　そのため文部科学省（2023）は「誰一人取り残されない学びの保証に向けた不登校対策」（COCOLOプラン）を打ち出しました。

(2) 不登校の子どもを理解する

　不登校とは「何らかの心理的，情緒的，身体的，あるいは社会的要因・背景により，児童生徒が登校しないあるいはしたくともできない状況にある者（ただし，病気や経済的理由，新型コロナウイルスの感染回避によるものを除く。）」（文部科学省，2022）です。年間30日以上登校しない児童生徒は「長期欠席」に該当します。児童生徒は「何らかの」事情で，不登校になっています。なぜ学校に来られないのでしょうか。学校と家庭と社会は，共感的理解と受容

表4-1　小中学生と高校生の不登校の主な5つの要因

	小中学校	人数		高校	人数
1	無気力・不安	121,796	1	無気力・不安	19,977
2	生活リズムの乱れ，あそび，非行	28,749	2	生活リズムの乱れ，あそび，非行	7,610
3	いじめを除く友人関係をめぐる問題	23,741	3	入学，転編入学，進級時の不適応	4,777
4	親子の関わり方	19,712	4	いじめを除く友人関係をめぐる問題	4,623
5	学業の不振	12,759	5	選択肢に該当なし	3,890

（文部科学省，2021）

の姿勢で不登校の児童生徒に寄り添い，自己肯定感を高めることが重要なのです。

　不登校の要因としては，「無気力・不安」「生活リズムの乱れ，あそび，非行」「いじめを除く友人関係をめぐる問題」が小中高で共通して高いです。小中学生と高校生で異なる要因は，前者が「親子の関わり方」「学業の不振」，後者は「入学，転編入学，進級時の不適応」「選択肢に該当なし」です（表4-1）。

　なぜ「無気力・不安」「生活リズムの乱れ，あそび，非行」がどの学校段階でも1，2位を占めているのでしょうか。無気力や不安になる理由は人それぞれですが，中には保護者の育児放棄（ネグレクト）が原因で，満足な食事や衣服が与えられずに入浴もさせてもらえないため，学校に来られない子どもがいます。あるいは，保護者が学校に通わせる気がないため，義務教育の学齢期なのにきょうだい全員が自宅で過ごしている場合があります。また，発達障害の二次障害として，不登校に陥りやすいことがわかっています（6章参照）。

(3) 教育支援センター（適応指導教室），フリースクール，別室登校による支援

　不登校の子どもの学習権を保証することも重要です。「義務教育の段階における普通教育に相当する教育の機会の確保等に関する法律」（教育機会確保法）が2017（平成29）年4月に施行され，学校に通えなくなった子どもは，地方自治体の教育委員会が設置している教育支援センター（適応指導教室），学びの多様化学校（いわゆる不登校特例校）やフリースクール等の民間施設に通級する，あるいはICTによる学習支援を受けるなど，条件を満たせば校長が指導要録上の出席扱いにできることになりました。

　教育支援センター（適応指導教室）は不登校の子どもが本籍校に通えるようになるために，レクリエーションや集団活動を通じた友達づくり，学習の遅れを取り戻すための学習活動や進路相談を中心とした教育課程を用意しています。全国に約1,300か所あり，元教員や心理職，学生ボランティアが指導しています。学びの多様化学校は，不登校児童生徒のために特別に編成された教育課程を用意しており，2023（令和5）年の時点で全国に24校あります。同じように不登校を体験した子どもが集まり，生活リズムを整え，仲間関係づくりを始めるところから，将来の進路を共に考えて選択していくまで，不登校の子どもには欠かせない学習環境です。文部科学省は分室も含め，全国300校の設置を目指しています（9章参照）。

　ICTを活用した不登校支援は「義務教育の段階における普通教育に相当する教育の機会の確保等に関する法律」の「不登校児童生徒が行う多様な学習活動の実情を踏まえ，個々の不登校児童生徒の状況に応じた必要な支援が行われるようにすること。」（第3条第2号）を実現する方法です。また，病気療養中の児童生徒については，ICTを活用した通信教育やオンライン教材等を活用して，教育機会の確保に努める必要があります（『生徒指導提要』改訂版，p. 35）。

(4) 早期発見・未然防止のために

　「不登校を生まないよう，全ての児童・生徒が学校（学年・学級）を魅力ある場所と感じら

れるように「未然防止」および早期の段階から組織的・計画的に支援して長期の不登校を生まないようにする取り組みが大事である。」（『生徒指導提要』改訂版，p.1）ため，チーム学校体制で対応，支援することが重要です（3，9章参照）。

　学校内の支援としては，これまでも別室登校や保健室登校，カウンセリングルームの利用など，学級の教室以外の学びの場を用意し，1人1人の子どものニーズに合った学習環境を整える学校が増えています。さらに今後は，校内教育支援センター（スペシャルサポートルーム等）を設置し，学級には入りづらくても，学校内の落ち着いた空間で，自分のペースで学習や生活ができる空き教室やスペースを利用し，早期に学習や進学に関する意欲を取り戻すための取組が期待されます（文部科学省，2023）。

(5) 高校生の支援

　2023（令和5）年度より，新たにスクールカウンセラーやスクールソーシャルワーカーが，オンラインを活用した支援のために配置されることになりました。そのため，小中学生に加えて高校生も支援を受けられるようになりました。また，「児童生徒理解・支援シート」（図4-1）を活用し，高校を含めた進学先に情報を引き継ぐことができるように，小学校から高校まで切れ目のない支援，配慮が求められています。

図 4-1　児童生徒理解・支援シート

○学年別欠席日数等　　　追記日	○/○													
年度														
学年	小1	小2	小3	小4	小5	小6	中1	中2	中3	高1	高2	高3	高4
出席しなければならない日数														
出席日数														
別室登校														
遅刻														
早退														
欠席日数														
指導要録上の出席扱い														
①教育支援センター														
②教育委員会所管の機関（①除く。）														
③児童相談所・福祉事務所														
④保健所，精神保健福祉センター														
⑤病院，診療所														
⑥民間団体，民間施設														
⑦その他の機関等														
⑧IT等の活用														

（文部科学省，2018 より一部引用）

2. 虐　待

　2021（令和3）年度の厚生労働省の調査では，全国の児童相談所が虐待に関する相談を受けて援助を開始した事例は，207,659件で過去最多となりました（厚生労働省，2021）。心理的虐待が最も多く，身体的虐待が次に多いです。児童相談所への通告は，警察等，近隣・知人，家族・親戚，学校を経由した事例が多いです。乳幼児が多いのが特徴で，死亡事例66例（77人）の6割以上が0歳，出生時の死亡が半数です。また，加害者の半数は実母（59.2%）と報告されています。

　同調査では，親子で心中した事例の6割が，誰にも相談していませんでした。また，予期せ

ぬ妊娠が元で出生時に死亡する子どもが後を絶たないため，厚生労働省（2021）は妊娠期からSNS等で相談できる環境づくりや，多言語や分かりやすい日本語で外国人や障害者に情報を提供できる体制づくり，弁護士や医師や保健師等の専門家を活用したソーシャルワーク体制の整備を提起しています。

　「児童虐待の防止等に関する法律」（児童虐待防止法）によると，児童虐待は①身体的虐待，②性的虐待，③ネグレクト（育児放棄），④心理的虐待の４種類です。虐待を受けている子どもの大半は，日常生活を送り，学校に毎日通っていますが，家庭では保護者が精神的に不安定で，医療の受診を拒否する場合もあります（厚生労働省，2021）。学校の教職員が子どもの異変に気付いたとき，例えば「子どもの身体，特に，顔や首，頭等に外傷が認められる」「一定期間の体重増加不良や低栄養状態が認められる」「子どもが学校・保育所等を不明確・不自然な理由で休む」「きょうだいに虐待歴があった」「子どもが保護を求めている，または養育が適切に行われていないことを示す発言がある」といった様子が見られたら，学校としてチーム体制で緊急に対応することが早期発見や発生予防につながります（13章参照）。

　政府は子どもの最善の利益を第一に考え，子どもに関する取組・施策を我が国社会の真ん中に据えていくため，こども家庭庁を2023（令和5）年4月に創設しました。学校での虐待相談体制の強化のため，スクールカウンセラーやスクールソーシャルワーカーの配置促進を図るとともに，SNS相談や「24時間子供SOSダイヤル」を活用した児童生徒等からの相談体制の整備，スクールロイヤー（学校で生じる問題に対応する弁護士）の教育委員会への配置等の支援を推進しています（9章参照）。

3. 非　　行

　非行少年とは，①犯罪少年（14歳以上で罪を犯した少年），②触法少年（14歳未満で(1)に該当する行為を行った少年。なお，14歳未満の少年については刑事責任を問わない），③ぐ犯少年（家出や不純異性交遊など，将来，法に触れる行為や罪を犯すおそれがある少年）の3つに区別されます（少年法3条1項）。

　2021（令和3）年に「少年法等の一部を改正する法律」が成立，2022年から施行されたため，選挙権年齢や成年年齢は20歳から18歳に引き下げられ，罪を犯した18・19歳の者を「特定少年」とされました。特定少年には少年法を適用し，処分は家庭裁判所が決定します。しかし17歳以下の少年とは異なり，実名報道を解禁するなど，重い処分を受けます。また，これまでの16歳以上の少年のとき犯した故意の犯罪行為により被害者を死亡させた罪の事件に加え，改正少年法では18歳以上の少年のとき犯した死刑，無期又は短期1年以上の懲役・禁錮に当たる罪の事件が加わりました。

(1) 非行少年の処遇

　非行少年は，児童相談所や少年鑑別所，少年院で指導を受けます（図4-2）。保護処分に関して児童相談所が扱う非行相談は，「ぐ犯行為等相談」と「触法行為等相談」に分けられます（表4-2）。ぐ犯行為，触法行為，問題行動のある子ども等に関する相談は，警察から通告等があっても，子どもや保護者等の側に相談を受ける気がない場合があります。

図 4-2　非行少年処遇の概要

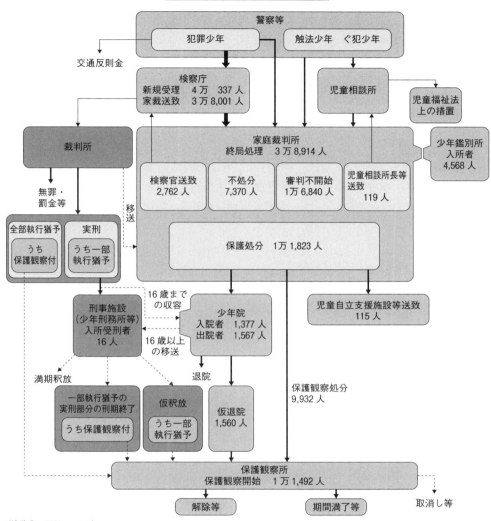

（法務省，2022，p.117）

表 4-2　非行相談の種類

相談区分		内容
非行相談	ぐ犯行為等相談	虚言癖，金銭持ち出し，浪費癖，家出，浮浪，暴力，性的逸脱等のぐ犯行為，問題行動のある児童，警察署からぐ犯少年として通告のあった児童等
	触法行為等相談	触法行為があったとして警察署から児童福祉法第25条による通告のあった児童，犯罪少年に関して家庭裁判所から送致のあった児童等

（東京都福祉保健局 東京都児童相談センター・児童相談所 HP を一部改変）

(2) 犯罪非行の処分と立ち直りの支援

　検察官は犯罪少年の事件を家庭裁判所に送致します。家庭裁判所では犯罪の他に，少年の生い立ち，性格，家庭環境等の調査をした上で，少年に対する処分を決定します。家庭裁判所の決定には，①検察官送致（逆送），②少年院送致，③保護観察などがあります。①検察官送致（逆送）とは，家庭裁判所が懲役，罰金などの刑罰を科すべきと判断した場合に，事件を検察官に送ることです。検察官が逆送した事件は，刑事裁判で有罪になれば刑罰が科されます。

　①に対して，②少年院送致と③保護観察はいずれも保護処分です。②少年院送致は少年を少年院に収容して処遇を行う処分，③保護観察は少年に対して社会内で処遇を行う処分です。保護処分は，なぜ少年が事件を起こすに至ったのかを把握し，どうすれば立ち直れるのかを，保護司を中心に検討します。

　特に保護処分となった少年が，学校をしばらく休んだ後に戻る場合は，少年も保護者も不安を感じます（金澤，2019）。事前に校長，生徒指導主事，スクールソーシャルワーカー（9章参照），保護司でケース会議を開いて，学校に戻る日までに，学校も家庭も心の準備を整えておくことが大事です。

■ 考えてみよう

　もしあなたが不登校の子どもを持つ保護者と面談することになったら，どのような点に留意して対応しますか。

　長期の不登校状態にある子どもが，学校に相談に来ることはかなり難しいです。長い間，学校や友人から遠ざかっている子ども本人が，家から学校に来るのには大変な心的労苦を伴います。本人が来られない場合，代わりに保護者が相談に来ることは，不登校の教育相談ではよくあります。例えば，筆者が高校のスクールカウンセラーを兼務していた時に，1日の相談者の大半が保護者だった日もありました。子どもの不登校に悩み，保護者が様々な相談機関を訪れて相談しても，状況が変わらないまま月日が流れ，解決策が見つからず，半分諦めた気分になる保護者は少なからずいます。特に高校生の場合，出席日数に応じて進級や卒業が決まるため，不登校には，できるだけ早期から適切に対応し，留年や退学を免れる必要があります。

　不登校の子ども本人が教育相談に来られない場合，家族を支援すると効果的です。子どもの不登校に悩む保護者にブリーフセラピーを行った事例（1章事例2）を参照してください。

コラム4　小・中学生の仮想的有能感と学級における適応

澄川采加（福岡県公立小学校教諭）

　学級には，色々な児童・生徒がいます。それぞれが様々な困り感を抱えています。その困り感は主に学校生活における対人関係だと感じます。そこで本コラムでは，対人関係におけるネガティブな特徴を多く有することが報告されている，「仮想的有能感」の高さに注目していきます。

　仮想的有能感は，「自己の直接的なポジティブ経験に関係なく，他者の能力を批判的に評価，軽視する傾向に付随して習慣的に生じる有能さの感覚」（速水ら，2004，p. 1）と定義されています。つまり，一般的な有能感は，経験という根拠のあるものですが，仮想的有能感はそのような根拠のない有能感と言えます。また，仮想的有能感は無意識的なところで形成され，それが意識的には他者軽視という行動に現れます（速水，2006）。しかし，どちらが先というわけではなく，それらは相互に作用しあっています（速水，2006）。以上から，仮想的有能感の測定の際には，意識的な部分である他者軽視傾向を測定し，それを仮想的有能感の高さと考える方法がとられています（速水ら，2004）。

　最初に述べたように，仮想的有能感の高い人は，対人関係においてネガティブな特徴をもつことが指摘されています。速水ら（2005）は，主に大学生を対象とした調査で，仮想的有能感の高い人は，友達に無視されたことや友達を傷つけてしまったことなど，人間関係がうまくいかなかった経験が多いことを報告しています。他にも，大学生を対象とした調査から，他者と関わることで人間関係をますます悪化させる傾向にあること（高木ら，2008），人間関係の維持が不得意なこと（速水，2006）も報告されています。この仮想的有能感の高い人の対人関係におけるネガティブな特徴は，いじめ経験にも関係しています。松本ら（2009）は，高校生を対象とした調査から，仮想的有能感の高い人はいじめの被害経験も加害経験も多いことを報告しています。このように，仮想的有能感の高さは，他者との関係維持の困難さや，他者への加害行動に関係しており，仮想的有能感の高い人が対人関係に困り感をもちやすいことが分かります。

　その対人関係におけるネガティブな特徴は，学習場面にも見られることが明らかにされています。高校生を対象とした調査から，学習の際のコミュニケーションにおいて，仮想的有能感の高い人は，友人に援助を求めず，援助もしない傾向にあることも報告されています（小平ら，2008）。安達（2020）は，教師への学習における援助要請について，高校生を対象とした調査から，仮想的有能感が高

く拒絶に対して敏感な生徒は，自律的な援助を要請しにくいことを報告しています。

　このように，仮想的有能感の高さは，ネガティブな特徴を多くもっています。これらのことを踏まえると，仮想的有能感の高い児童生徒が，学校生活に困り感をもっていることは想像に難くありません。このことから，仮想的有能感を低減させることは重要だと考えられます。稲垣・澄川（2021）は，大学生を対象に中学1年生の担任への信頼感について想起させる調査から，男性において，教師への不信感が世間への他者軽視を促進させることを報告しています。以上から，教師の児童生徒との関わり方が仮想的有能感の低減に関係していることが窺えます。では，児童生徒の仮想的有能感を低減させるために，私たち教員はどのような支援ができるのでしょうか。

　松本ら（2013）は，高校生と教師との関わりについて，教師が生徒のパーソナリティを理解し，それに適した役割を与えたり，長所を伸ばしたりするなどの生徒理解が，生徒の自信を生み出し仮想的有能感を低減させることを報告しています。教師が児童生徒のことを理解し，適した関わり方をすることで，仮想的有能感を低減し，児童生徒が学校生活に適応しやすくなると考えられます。

　今の学校現場では，主に児童生徒の自尊感情や自己肯定感の高さが重要視されています。児童生徒に学校生活に関するアンケートを行う際にも，「自分にいい所があると思いますか。」と，自尊感情の高さを尋ね，その項目の数値が会議でも話題にあがります。以上の先行研究から，今後の学校現場において，自尊感情や自己肯定感の高さに加え，仮想的有能感の高さに注目することも重要だと私は考えます。そうすることで，児童生徒が学校生活においてどのくらい対人関係で困っているのか，その困り感の高さを間接的に推し量ったり，予見したりすることができるのではないでしょうか。また教師側も，その児童に対して正しい生徒理解と支援を行えているか，改めて振り返ることができると考えています。

5章 いじめ

学級経営や教育相談の業務を行う中で，「いじめ」は避けて通れない話題です。また，読み手のみなさんの中には，これまでいじめの当事者（加害者・被害者）であったり，傍観者であったりした経験をお持ちの方もいると思います。当時のことを思い出して，「こうすれば（しなければ）よかった」と自責の念を持つ方もいるかもしれません。過去を変えることはできなくても，これからの自分や，自分に関わる人たち（たとえば，担任を受け持った子どもたち）との関わりを変えていくことはできます。本章ではいじめの定義やその変遷，いじめ防止対策推進法を押さえた上で，いじめの構造や介入の方法について述べます。

1. いじめの定義の変遷

(1) これまでのいじめの定義

文部科学省が実施する「児童生徒の問題行動等生徒指導上の諸問題に関する調査」において，いじめの定義は，これまでに以下のように変化してきました。

まず，1986（昭和61）年度からは「この調査において，『いじめ』とは，『①自分より弱い者に対して一方的に，②身体的・心理的な攻撃を継続的に加え，③相手が深刻な苦痛を感じているものであって，学校としてその事実（関係児童生徒，いじめの内容等）を確認しているもの。なお，起こった場所は学校の内外を問わないもの』とする」とされていました。

その後，1994（平成6）年度からは「この調査において，『いじめ』とは，『①自分より弱い者に対して一方的に，②身体的・心理的な攻撃を継続的に加え，③相手が深刻な苦痛を感じているもの。なお，起こった場所は学校の内外を問わない。』とする。なお，個々の行為がいじめに当たるか否かの判断を表面的・形式的に行うことなく，いじめられた児童生徒の立場に立って行うこと。」と変更されました。1986（昭和61）年度からの定義と比べると，「学校としてその事実を確認しているか否か」は定義に含まれなくなり，「いじめに当たるか否かの判断をいじめられた児童生徒の立場に立って行うこと」が強調されたと言えます。

そして，2006（平成18）年度からは「本調査において，個々の行為が『いじめ』に当たるか否かの判断は，表面的・形式的に行うことなく，いじめられた児童生徒の立場に立って行うものとする。『いじめ』とは，『当該児童生徒が，一定の人間関係のある者から，心理的，物理的な攻撃を受けたことにより，精神的な苦痛を感じているもの。』とする。なお，起こった場所は学校の内外を問わない。」と変更されました。1994（平成6）年度からの定義と比べると，「一方的に」，「継続的に」，「深刻な」といった文言が削除され，「自分より弱い者に対して」ではなく「一定の人間関係のある者から」と変更されたことが分かります。最新の定義は，第2節で述べます。

2．いじめ防止対策推進法

(1) 新たないじめの定義

　2011年，大津市において当時の中学2年生の男子生徒が，いじめの被害を苦に自死するという事件が起きました。これをきっかけとして，学校や教育委員会の隠蔽体質への批判や，抜本的ないじめ対策を求める声が高まり，2013年にいじめ防止対策推進法が制定されました（山田，2016）。いじめ防止対策推進法の施行に伴い，2013（平成25）年度からは「『いじめ』とは，『児童生徒に対して，当該児童生徒が在籍する学校に在籍している等当該児童生徒と一定の人的関係のある他の児童生徒が行う心理的又は物理的な影響を与える行為（インターネットを通じて行われるものも含む。）であって，当該行為の対象となった児童生徒が心身の苦痛を感じているもの。』とする。なお，起こった場所は学校の内外を問わない。『いじめ』の中には，犯罪行為として取り扱われるべきと認められ，早期に警察に相談することが重要なものや，児童生徒の生命，身体又は財産に重大な被害が生じるような，直ちに警察に通報することが必要なものが含まれる。これらについては，教育的な配慮や被害者の意向への配慮のうえで，早期に警察に相談・通報の上，警察と連携した対応を取ることが必要である。」という記述に改められました。

　基本的には平成18年度からの定義と大きく変わってはいませんが，「攻撃」から「心理的又は物理的な影響を与える行為」と変更されたほか，「精神的な苦痛」から「心身の苦痛」となっており，より広範な記述になったことが読み取れます。そして，「インターネットを通じて行われるものも含む」という記述から，ネットいじめ（関連：11章）を意識した内容になっています。こうした定義の変遷は，学校教育がいじめで傷ついた児童生徒の気持ちを一つひとつ尊重するようになってきた経過とも言えます（内田，2022）。

(2) タイプ別にいじめをとらえる

　ただし，この内容では，隣の子をからかうことも「いじめ」ですし，一人の児童生徒に継続して暴行を加えたり，金品を恐喝したりすることも「いじめ」にあたります。このように，「いじめ」と一口に言っても幅が広いため，どれも「いじめ」と括ってしまうと，その対応が曖昧になってしまう可能性があります。河村（2006）は，この点を指摘し，①人間関係の摩擦に起因する「人間関係の軋轢タイプ」，②加害者意識が希薄で，はじめは面白半分，からかい半分であったものが，しだいにエスカレートしていく「遊び方タイプ」，③継続的な暴力や恐喝が，教師の目を盗んで意図的・計画的になされているような「非行タイプ」という3つのタイプ別に分析をしていく必要性を述べています。

(3) 「重大事態」の扱い

　なお，いじめ防止対策推進法では，単にいじめの定義が変わっただけではありません。たとえば，いじめにより当該の児童生徒の生命や心身，財産に重大な被害が生じた疑いがあると認められるときや，当該の児童生徒が相当の期間（目安は年間30日）欠席を余儀なくされている疑いがあるときは，「重大事態」として，学校の設置者または学校に組織を設け，質問票の使用やその他の適切な方法により事実関係を明確にするための調査を行う必要があることが明記されました（第28条1項）。その他にも，懲戒（第25条）や出席停止（第26条）についても定められました。ただし，2015年から2020年にかけて，公立中学校においていじめ加害者に出席停止の処分が下された数は1年に1件程度（内田，2022）であり，加害者への出席停止が行われることはまずないという状況が指摘されています。また，法律の制定後も深刻ないじ

め自死事件や長期の不登校事案などはあり，この法律の基本方針（社会総がかりでいじめ防止に取り組むこと，重大事態への対処［いじめの重大事態調査を含む。］において公平性・中立性を確保すること）が単なる「お題目」になっていないか，ということを再度見直す必要があると言えます（山田，2016）。

3. いじめの構造

(1) いじめの 4 層構造

　多くの場合において，いじめは，「いじめる側」と「いじめられる側」による一対一という単純な構造ではありません。いじめには，「いじめる児童生徒」，はやしたてたりおもしろがって見たりしている「観衆」，見て見ぬふりをする「傍観者」，「いじめられる児童生徒」という 4 層構造が提唱されています（森田・清永，1986）。いじめる側からすれば，いじめを行っているという自覚があったとしても，周りの観衆や傍観者が何も言ってこなければ「周りのみんなも，この行為を正しいものと考えている」と感じ，いじめを正当化します。そして，周りで見ている児童生徒も，「周りの誰もこの行為に異を唱えないということは，みんなもこれでよいと思っているのだ」と感じてしまい，声を上げられないことがあります。こうした現象は多元的無知（pluralistic ignorance; Allport, 1924）と呼ばれ，いじめが長期化したりエスカレートしたりするきっかけになりえます。

(2) 「静かな多数者」の声でいじめを抑止する

　実際には周りの児童生徒の多くはいじめを快く思っておらず，できればやめてほしいと感じている人もいると考えられます。そのことが伝わるよう，たとえば学級新聞などに，いじめを嫌だと思っているという声を匿名で掲載するといった，「静かな多数者」の声を匿名あるいはペンネームで掲載するといった試みも推奨されています（戸田ら，2008）。戸田ら（2008）にも記載されており，著者も非常に好きな言葉に，「大人の指示より仲間の支持」というものがあります。いじめを正当化する理由を，児童生徒の言葉で崩していくということは，大きな効果があると思われます。また，被害者側の視点に立つと，自分がひどい行為を受けているにもかかわらず，周りのみんなが何も言わないということはとても心細く，自分が間違っているのではないか，いじめを受けるだけの理由があるのではないか，という気持ちにさせるものです。そのような不安な心持ちの中で，その行為は正しくない，やめるべきだと考えている人たちがいると分かることは，とても心強いことだと思います。このように，静かな多数者の声は，いじめ加害者にとって抑止力となるだけでなく，いじめ被害者にとっても心強い支えとして機能することが期待できます。

4. いじめの影響

　児童生徒の頃に受けたいじめの経験は，その後の人格形成にも影響を及ぼすということは想像に難くありませんが，そのことを実際に示した研究結果があります。タキザワら（Takizawa et al., 2014）の研究では，1958 年に生まれたイギリス人，7,771 人を対象としたコホート研究（一定期間の追跡調査）を行い，7 歳から 11 歳の時点でいじめ被害を経験した人は，それから 40 年近く経った後でも，社会的・健康的・経済的に高いリスクを持つことが示されています。具体的には，いじめの被害を受けていた人たちは，そうでない人たちと比べて，うつ病は 1.95 倍，不安障害が 1.65 倍，自殺傾向は 2.22 倍のリスクがあるという結果が報告されています。

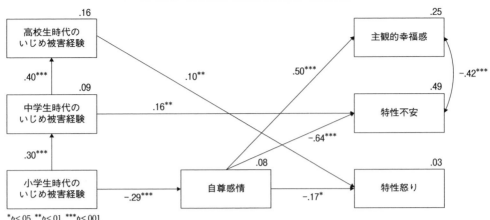

図 5-1　言動によるいじめの被害経験が及ぼす影響

*p<.05, **p<.01, ***p<.001
（水谷・雨宮，2015 を一部改変）

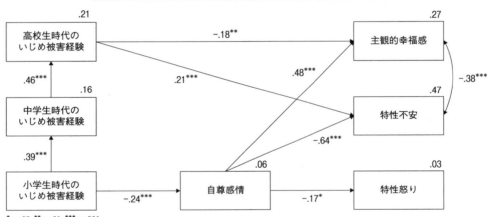

図 5-2　仲間はずれによるいじめの被害経験が及ぼす影響

*p<.05, **p<.01, ***p<.001
（水谷・雨宮，2015 を一部改変）

　本邦においても，水谷・雨宮（2015）が大学生を対象に行った調査では，小学生・中学生・高校生それぞれの時期にいじめの被害をどの程度受けたかという点と，現在（大学生）の自尊感情，特性不安（不安の感じやすさ），特性怒り（怒りの感じやすさ），主観的幸福感の関係を検討しました。その結果，「嫌なことをされたことや言われたことがあり，苦痛を受けたことがある」といった言動いじめに関して，小学生時代のいじめ被害経験が自尊感情を低下させることを通して間接的に主観的幸福感を低下させ，特性不安や特性怒りを高めるというプロセスが見出されました。また，中学生時代のいじめ被害経験は特性不安を高めること，高校生時代のいじめ被害経験は特性怒りを高めることも示されました（図 5-1）。

　また，「仲間はずれにされて，苦痛を受けたことがある」といった仲間はずれによるいじめに関して，小学生時代のいじめ被害経験が自尊感情を低下させることを通して間接的に主観的幸福感を低下させ，特性不安や特性怒りを高めるというプロセスが見出されました。また，高校生時代のいじめ被害経験は主観的幸福感を低下させること，特性不安を高めることも示されました（図 5-2）。

　これらのことに加えて，言動いじめ・仲間はずれによるいじめを問わず，小学生時代にいじ

めを受けていた場合，中学生のときにもいじめを受けやすいこと，また中学生時代にいじめを受けていた場合，高校生のときにもいじめを受けやすいことが示唆されました。

　こうした研究が示すのは，子どもの頃にいじめの被害を受けた経験がある児童生徒は，その後にも同様の被害を受けないよう，特に注視する必要があるということです。

5. いじめへの対応

(1) いじめの被害を最小限に食い止める

　前節で述べた通り，いじめはその対象となった児童生徒に対して，長期的な影響を及ぼすものです。その意味で，いじめを予防するという視点はきわめて重要ですが，あえて「いじめゼロ」をめざさないことも提案されています。その理由は，そもそも「いじめゼロ」をめざすという目標そのものが到達不可能であり，学校全体が「いじめゼロ」をめざすと，いじめが起こったときに教師が萎縮してしまい，問題を報告することを躊躇するようになってしまうためです（水野，2016）。

　そうした前提に立った上で，水野（2016）は，いかに学校や教師がいじめの被害を最小限に食い止めるかについて，次に示す複数の提案や指摘をしていますので，簡潔にまとめます。①いじめ問題だけを独立させず，広く児童生徒の学校適応を促進させる。つまり，いじめは単体で起こっているわけではなく，背後に学校の課題（安心できない学級，問題行動を起こす児童生徒だけに注視する学校現場，管理職とその他の教員の意思疎通の悪さなど）があることを指摘しています。②助けを求めやすい雰囲気をつくる。つまり，いじめの被害の早期発見のためには，その被害を訴えやすい雰囲気や環境を作ることが大切です。児童生徒が自らの意見を言いやすい学級の雰囲気を作る必要があります。③児童生徒の変化を見抜く。「いつもと様子が違う」ということは，何らかの不調のサインである可能性があります（家庭・友人関係など）。いつもと様子が違うことに気づくためには，児童生徒の普段の様子をよく観察しておくことが大前提です。教師が普段から健康観察を行うだけでなく，他の教員や養護教諭，スクールカウンセラーや保護者など，複数のチャネルとの連携や情報交換が必要と言えます。④児童生徒がいじめを訴えた場合に，時間をとってよく訴えを聞く。報復の恐れなどがある中で，いじめの被害を教師に訴えるということは，児童生徒にとって相当の覚悟が求められます。教師に訴えてきた場合は，必ず時間をとってよく訴えを聞く必要があります。

　児童生徒の訴えを聞く際には，児童生徒との信頼関係の構築が最優先になります。児童生徒がいじめを訴えた場合に，客観的に訴えを聞く限り「この児童生徒の被害者意識が強すぎるのではないか？」と感じることもあります。それでも，当該の児童生徒にとって，「いじめられていると感じている」ということは紛れもない心理的事実であり，十分な受容は必須です。もし，「それくらいのことはよくあることだよ」，「自分にも悪い点はないかな？」などと返せば，「いじめられている」と感じている児童生徒の心の傷はさらに深くなります。被害者意識が強いなど，自分にも顧みるべき点があったとしても，それは自分の思いが十分に受容された後で，日々の生活の中で気づいていくものです（河村，2006）。まずは，いじめによって傷ついている本人に寄り添い，すぐに解決できないとしても，解決するまで一緒に考え続けることを約束するなど，本人の気持ちを尊重しながら，解決方法を一緒に考えていくという姿勢を明確に示すことが重要といえます（伊藤，2022）。また，斎藤（2022）のように，「いじめは恥ずかしい行為である」というイメージを積極的に作る（スティグマ化する）ことが有効であり，そのためにも加害者の謝罪・加害者への処罰・被害者の納得という要素が必要であるという主張もあります。

(2) 毅然とした対処

　しかし現実的には，児童生徒の間で起きているやりとりの中には，いじめなのか悪ふざけなのか判断が難しいものも多いと思います。「いじり」という言葉もありますが，ほとんどのいじりには相互性がなく，一方通行のいじりはいじめと同じという考え方もあります（斎藤，2022）。いじめの問題は「いじめか否か」ではなく，その行為が特定の子どもを傷つけているか否かであると言えます。したがって，訴えがなくとも，その行為を受けている児童生徒に少しでも嫌そうな面が見えた際は，教師は速やかに対応すべきです。その際に重要なのは，その行為を行っている児童生徒の「性格」を指摘するのではなく，「行為」についての指摘に焦点を当てるということです。その行為が相手を傷つけるものであることや，自分（教師）がされたら嫌だと感じる，といったことを毅然と伝えることで，そうした行為は許されるものではないことが加害者の児童生徒に明確に伝わります。また，被害者の児童生徒にとっては，即座に制止してくれた教師を「頼れる存在」と認識します。そして，周りの児童生徒も，「困ったことがあれば先生に相談しよう。そうすればきちんと対応してくれる」という信頼感を持つことができます。

　また，いじめへの介入にあたっては，保護者への対応も念頭に置く必要があります。広島県教育委員会は，保護者対応の資料を公開しています（広島県教育委員会，2013）。「保護者対応」と聞くと，「保護者 対 教師」という対立の構造を想定する方もいると思いますが，保護者は対立する相手ではなく，ともに児童生徒の幸せな学校生活をサポートするパートナーです。保護者が学校に不満を訴えてくる背景には，期待や不安があると言えます。仮に自分の子どもがいじめの被害に遭い，それに伴い不登校になってしまったとしたら，保護者の不安は募るばかりです。したがって，児童生徒に対する姿勢と同様に，保護者に対しても心理的援助が必要です。まずは保護者の思いを受容し，学校にどのようなことを望んでいるのか，といったことを聴き取ることが大切です。先述の広島県教育委員会の資料には，保護者との面談の際に留意すべき「面談の3原則」が紹介されていますので，表にまとめておきます（表5-1）。この他にも，13にわたるケースやその対応のポイントが掲載されており，参考になるでしょう。

　グローバル化した現在の複雑な社会において，教師には考え方や文化の異なる人と協働できる児童生徒を育成することが求められます（水野，2016）。そのためにも，構成的グループ・エンカウンター（1章参照）やディベートなどの活動を通して，児童生徒に様々なものの見方，考え方があることに気づいてもらい，多様性を受け容れる姿勢を育むことが，いじめを予防することにつながると思います。

表5-1　面談の3原則

①	人の制限	・複数の教職員で対応する。必要に応じ，記録係，連絡係など役割分担をしておく ・誰と会うか事前に確認し，それ以外の人が同行してきた際は別室で待ってもらうなどの対応をする（法定代理人である親と会うのが原則）
②	場の制限	・学校の応接室など，公的機関の開放された部屋が適している ・学校内でも，何らかの時に他の教職員の協力が得られるような場所を選ぶ ・対応に苦慮する相手の指定した場所には行かない
③	時の制限	・対応する時間を事前に保護者に伝えておく：1時間程度が目安 ・状況を丁寧に説明し，保護者の理解が得られるよう最善を尽くす ・対応が長時間に及んだり，深夜に至ったりすることがないように注意する

（広島県教育委員会，2013 より作成）

話し合ってみよう

　有名人のインタビューなどにおいて，「過去にいじめられた経験があったからこそ，心を強く持つことができた」というように，過去にいじめ被害を受けた経験が今につながっている，という発言がみられることがあります。このことについて，みなさんはどのように考えますか？　また，「いじめられる側にも責任がある」「いじめは少しくらいは必要だ」といった意見も根強いですが，このことをどう考えますか？　グループに分かれて話し合ってみましょう。

コラム5 学習環境における ICT の今までとこれから

仲谷佳恵（大阪大学准教授）

　「学習環境」というキーワードを聞いたとき，皆さんは何を連想するでしょうか。学校や教室，あるいは地域といったような"場所"を思い浮かべる人もいれば，教師やクラスメートのような一緒に学ぶ"人たち"を思い浮かべた人もいるかもしれません。いずれにおいても，学びに大きな影響を与える要素であり，教師は日々，意識的に，あるいは無意識的に学習環境をデザインしています。学習環境のデザインを考えるにあたって，山内（2020, pp. 50–52）は，空間，人工物，活動，共同体の 4 つの視点を挙げており，空間と人工物は「物理的学習環境」，活動と共同体は「社会的学習環境」と分類しています。

　昨今，この物理的学習環境の一側面とも言える ICT の発展はめざましく，学習にとってなくてはならないものとなるだけでなく，学習そのものを変革する可能性も持つようになってきています。このコラムでは，物理的学習環境である「空間」と「人工物」について ICT に関する部分を中心に，昨今の学術的・社会的な動きを概観した上で，今後の学習環境への効果的な ICT 活用を考える手がかりについてご紹介します。

　まずは物理的学習環境の 1 つ，「空間」についてです。一番身近なものとして「教室」や「図書館」などがありますが，昨今では VR（Virtual Reality，仮想現実）や AR（Augmented Reality，拡張現実），メタバースといった，バーチャルな空間にも注目が集まっています。こうした学習環境は，すぐに再現したり観察したりすることが難しい事象の観察を可能にするといった利点が 1 つ挙げられます。例えば，月の満ち欠けの仕組みにおいて，太陽と地球と月の位置関係を，VR を用いて体感しながら学ぶことによって学習効果が高まったという報告があります（瀬戸崎ら，2018）。他には，不登校の小中学生を対象とした自立支援教室においてメタバースの活用が検討されています。体験学習ではメタバース上に集まった児童生徒が自身の分身であるアバターを使って自由に動き回り，学びやコミュニケーションに対して意欲的に向き合う様子も報告され（日本放送協会，2022），今後のますますの発展が期待されています。

　次に「人工物」ですが，身近なものでいうと，パーソナルコンピュータやタブレット端末，電子黒板などの ICT が挙げられるでしょう。文部科学省によるGIGA スクール構想実現へ向けた取り組みによって，小学校や中学校では 1 人 1 台端末の環境がほぼ整ってきています。ICT を活用すれば，発表する時に使用し

たファイルをグループで共有したり後日見返したりすることも容易にできますし，自宅で撮影した画像や動画を発表に組み込むこともできます。その結果，教室内外の学習活動をシームレスに繋ぐことを可能にします。

　ICT を学習に活用する利点の別の側面として，単なる成績データだけではなく，各学習者の様々な操作ログ・行動ログを収集して学習プロセスを可視化したり，可視化された結果を学習に活用したりすることも可能になります。例えば，チェンら（Chen et al., 2020）は，教室内外で学習者が電子教材を閲覧した過程を可視化するダッシュボードを開発し，学習者はそれを用いて効果的な学習の振り返りを実施できたことを報告しています。こうした研究は「学習分析（Learning Analytics，LA）」という分野として発展が続いています。ただし，このような先進的な技術の活用は，倫理的な側面も十分に配慮する必要があり，国や様々な研究者が検討を続けているところです（例えば大阪大学社会技術共創研究センター，2023）。

　このような物理的学習環境は，当然ながら「どのように活用するか」「なぜそれを使うのか」が重要です。それを考える手がかりとして，最後に SAMR モデルを紹介しましょう。

　SAMR モデルは，授業における ICT 導入の段階を示しています。機能を変えずにテクノロジで道具を置き換える S（Substitution，代替），機能を改善するためにテクノロジで道具を置き換える A（Augmentation，拡大），課題を根本から再設計するためにテクノロジを活用する M（Modification，変更），これまでにない課題を創造するためにテクノロジを活用する R（Redefinition，再定義）の段階があります（Puentedura, 2010／訳は稲垣 2021）。つまり S や A は，従来の教育現場で行われていた教授・学習を ICT に置き換えることで，学習活動がより効果的・効率的になるもので，これまで模造紙で発表していたものをプレゼンテーションツールを使って発表するものが例として挙げられるでしょう。一方，M や R は，「ICT の活用によって従来の学習そのものに変容が起こる」もので，例えば学習者が 3D 編集用ツールを使って物語を作成しながら英語を使用する活動を通して英語学習を行う（Yeh & Lan, 2018）ものが挙げられます。必ずしもどの段階が優れているというわけではなく，どのような意図で ICT を活用するかが重要です。

　このコラムで取り上げてきた ICT の活用事例は，どのような意図で ICT が導入されているのでしょうか。皆さんはどんな学習環境を作り上げていきたいですか。SAMR モデルを手がかりに，ぜひクラスやその他の「共同体」の中で意見交換をしながら考えてみてください。

6章 特別な支援を必要とする 子どもへの対応

1. インクルーシブ教育システムの構築 ―子どもたちの多様化と教育ニーズに応えるために

　特別支援学校や小・中学校の特別支援学級に在籍する子ども，小中高の通常の学級に在籍して通級指導を受けている子どもや，日本語指導の必要な子どもが増加しています。また，特定分野に特異な才能のある子どもがいる一方，相対的貧困状態の子どもが7人に1人います。さらに，家事や家族の世話を日常的に行うヤングケアラーの支援も課題です。

　子どもが多様化し，様々な困難を抱えている時代に，決して誰一人取り残さないよう，様々な事情を抱える多様な児童生徒が，実態として学校教育の外に置かれないようにすることが必要です。憲法第14条と第26条，教育基本法第4条は教育の機会均等を定めています。様々な教育ニーズがある昨今，学校の役割として心理や福祉の視点から，「これまで以上に福祉的な役割や子供たちの居場所としての機能を担う」（文部科学省，2021a，p.10）ことが求められます。

(1) インクルーシブ教育システムの構築に至るまで―「障害者の権利に関する条約」

　「障害者の権利に関する条約」は2006年の国連総会で採択され，我が国は2014年に批准しました。同条約の第24条は「インクルーシブ教育システム」について定めています。

---

　1 締約国は，教育についての障害者の権利を認める。締約国は，この権利を差別なしに，かつ，機会の均等を基礎として実現するため，次のことを目的とするあらゆる段階における障害者を包容する教育制度（an inclusive education system）及び生涯学習を確保する。
　2(a) 障害者が障害を理由として教育制度一般から排除されないこと（not excluded from the general education system）及び障害のある児童が障害を理由として無償のかつ義務的な初等教育から又は中等教育から排除されないこと。

（文部科学省「障害者の権利に関する条約について」第24条より引用）

　「特別支援教育は，共生社会の形成に向けて，インクルーシブ教育システム構築のために必要不可欠なものである」（文部科学省，2012）ことから，通常の学級，通級による指導，特別支援学級，特別支援学校等，「多様な学びの場」が必要です。そのため2016年の発達障害者支援法の改正，2018年の高等学校の通級による指導の制度化，小・中・高等学校学習指導要領（平成29・30年）の特別支援教育に関する記述の充実など，発達障害を含め障害のある児童生徒を取り巻く状況が変わりました。今後も特別支援教育を推進するために，「インクルーシブ教育システムの理念の構築等により，様々な背景により多様な教育的ニーズのある子供たちに対して，自立と社会参加を見据えて，その時点で教育的ニーズに最も的確に応える指導を提供できる，多様で柔軟な仕組みを整備することが重要」です（文部科学省，2021a，p.24）。

(2) 合理的配慮

　合理的配慮とは，障害の社会モデルに基づく考え方から生まれたものです。障害の原因が個人の心身機能にあると考える障害の個人モデルとは異なり，障害の社会モデルでは，障害のない人を前提に作られた社会の仕組みを変えていくことで，障害，不利益，困難を解決できると考えます。合理的配慮は，特定の子どもを特別扱いすることだと誤解される場合もありますが，他の子どもたちとスタートラインを合わせるために提供すべき配慮といえます。

2．発達障害とは

　「障害のある子供の教育支援の手引」は，発達障害を4つに区分しています（文部科学省，2021a）。

　自閉症（Autism Spectrum Disorder，ASD）　文部科学省（2021a）によれば，「自閉症とは，①他者との社会的関係の形成の困難さ，②言葉の発達の遅れ，③興味や関心が狭く特定のものにこだわることを特徴とする発達の障害である。その特徴は3歳くらいまでに現れることが多いが，成人期に症状が顕在化することもある。中枢神経系に何らかの機能不全があると推定されている。」ものです。自閉症の特徴が重度から軽度，一般へとスペクトラム（連続体）なので，DSM-5-TRでは自閉スペクトラム症と呼ばれます。

　情緒障害　文部科学省（2021a）によれば「情緒障害とは，周囲の環境から受けるストレスによって生じたストレス反応として状況に合わない心身の状態が持続し，それらを自分の意思ではコントロールできないことが継続している状態」を指します。

　学習障害（learning disabilities，LD）　文部科学省（2021a）は「学習障害とは，全般的に知的発達に遅れはないが，聞く，話す，読む，書く，計算する又は推論するといった学習に必要な基礎的な能力のうち，一つないし複数の特定の能力についてなかなか習得できなかったり，うまく発揮することができなかったりすることによって，学習上，様々な困難に直面している状態をいう。」と定義しています。DSM-5-TRでは「限局性学習症」と呼ばれます。

　注意欠陥多動性障害（Attention-Deficit/Hyperactivity Disorder，ADHD）　文部科学省（2021a）は「注意欠陥多動性障害とは，身の回りの特定のものに意識を集中させる脳の働きである注意力に様々な問題があり，又は，衝動的で落ち着きのない行動により，生活上，様々な困難に直面している状態をいう。」と定義しています。DSM-5-TRでは注意欠如多動症です。

(1) 発達障害の子どもを支援する―通級による指導から特別支援教室へ

　発達障害者支援法（2004年公布）により，発達障害の児童生徒の教育的支援は国と地方公共団体の責務になりました。しかし文部科学省（2012）の調査によると，通常学級に通う小中学生の6.5%が発達障害の可能性があり，そのうち93.3%が通級による指導を受けていませんでした。その後2016年に改正された発達障害者支援法では，発達障害のある人への切れ目のない支援を行うために，第8条で「可能な限り発達障害児が発達障害児でない児童と共に教育を受けられるよう配慮」することが新たに規定されました。文部科学省（2022a）によると，通常学級に通う小中学生のうち発達障害の可能性がある子どもは8.8%に増加しています。

(2) 通級による指導から特別支援教室へ─東京都教育委員会の取組

　ここでは東京都の取組を紹介します（東京都教育委員会，2021）。東京都の発達障害教育は，情緒障害等通級指導学級が中心でした。通級指導学級は，通常の学級に在籍する自閉症，情緒障害，学習障害，注意欠陥多動性障害の子どもを対象とし，通級により指導します。しかし，在籍校には通級指導学級がない場合，他校に移動して学ぶ子どもが多かったのです。

　特別支援教室は制度上，国の通級による指導になります。発達障害教育を担当する教員が各学校を巡回し，特別の指導を在籍校で受けられます。特別支援教室は，都内の公立小学校は2018年度に，公立中学校は2021年度に全校導入が完了しました。

　特別支援教室の目的は，発達障害の子どもができるだけ在籍学級で過ごせるようにすることです。なお，学校教育法施行規則第140条に基づく「通級による指導」は，小中学校で障害に応じた特別の指導を特別の場で行う教育であり，特別支援教室は通級による指導です。対象となるのは通常の学級に在籍し，知的障害がなく発達障害等があり，通常の学級での学習におおむね参加でき，一部特別な指導を必要とする児童生徒です（表6-1）。

学校教育法施行規則
第140条　小学校，中学校，義務教育学校，高等学校又は中等教育学校において，次の各号のいずれかに該当する児童又は生徒（特別支援学級の児童及び生徒を除く。）のうち当該障害に応じた特別の指導を行う必要があるものを教育する場合には，（中略）特別の教育課程によることができる。
一　言語障害者　二　自閉症者　三　情緒障害者　四　弱視者　五　難聴者　六　学習障害者
七　注意欠陥多動性障害者　八　その他障害のある者で，この条の規定により特別の教育課程による教育を行うことが適当なもの

表6-1　特別支援教室の対象となる発達障害と標準指導時間

障害の種類	障害の程度	標準指導時間
自閉症者	自閉症又はそれに類するもので，通常の学級での学習におおむね参加でき，一部特別な指導を必要とする程度のもの	年間35～280単位時間
情緒障害者	心理的な要因による選択性かん黙等があり，通常の学級での学習におおむね参加でき，一部特別な指導を必要とする程度のもの	（週1～8単位時間程度）
学習障害者	全般的な知的発達に遅れはないが，聞く，話す，読む，書く，計算する又は推論する能力のうち特定のものの習得と使用に著しい困難を示すもので，一部特別な指導を必要とする程度のもの	年間10～280単位時間
注意欠陥多動性障害者	年齢又は発達に不釣合いな注意力又は衝動性・多動性が認められ，社会的な活動や学業の機能に支障をきたすもので，一部特別な指導を必要とする程度のもの	（月1～週8単位時間程度）

※障害の種類・程度は，文部科学省（2006）「通級による指導の対象とすることが適当な自閉症者，情緒障害者，学習障害者又は注意欠陥多動性障害者に該当する児童生徒について（通知）」による。
※標準指導時間は，文部科学省（2006）「学校教育法施行規則の一部改正等について（通知）」による。
（東京都教育委員会，2021，p. 11より一部改変）

(3) 発達障害のアセスメント─気づきから相談，実態の把握，理解へ

　アセスメント（査定）は，まず教師が気づいたとき，保護者への生育歴の聞き取りや行動観察から始めます。本人や保護者と相談して同意を得て，アセスメントを行います。

　学校が行うアセスメント　文部科学省（2022a）の「通常の学級に在籍する特別な教育的支援を必要とする児童生徒に関する調査」の尺度は，①〈学習面（「聞く」「話す」「読む」「書

く」「計算する」「推論する」）〉，②〈行動面（「不注意」「多動性─衝動性」）〉，③〈行動面
（「対人関係やこだわり等」）〉です。なお，①は「LDI-R-LD 診断のための調査票」（日本文化
科学社）を基に作成，②は「ADHD 評価スケール」（明石書店）を使用，③は，スウェーデン
の高機能自閉症に関するスクリーニング質問紙（ASSQ）を基に作成したものを使用していま
す。

　心理アセスメント（コラム9参照）　　発達障害を疑われる子どもの場合によく用いられる
知能検査は，KABC-Ⅱと WISC-Ⅴです。KABC-Ⅱは子ども（2歳6か月〜18歳11か月）
の認知処理過程を，複数の情報を続けて順番に分析・処理する「継次処理」と，複数の情報を
統合し，全体から関係性を抽出して処理する「同時処理」，計画尺度と学習尺度の4つで評価
し，子どもの得意な学び方を見いだす知能検査です。WISC-Ⅴは子ども（5歳0か月〜16歳
11か月）の全体的な認知能力と，言語理解（ことばの理解度），知覚推理（非言語の発達），
ワーキングメモリー（15〜30秒程度，記憶を保持し，操作する力），処理速度（単純な作業を
処理する力）の4つの下位指標から成り，子どもの得意・不得意な領域を把握できます。

(4) 発達障害の子どもの二次障害

　発達障害の場合，個別指導以上に大切なのは，二次障害の背景となる人間関係への配慮です。
二次障害とは，子どもが抱えている困難に対して周囲が無理解なため，本来抱えている困難さ
とは別の二次的な情緒や行動の問題が生じることを指します。発達障害への対応を，教師とそ
の子どもの二者関係のみで行うと，その子ばかりが特別扱いされ，大切にされていると他の子
どもたちが感じることがあります。また，学級全体が発達障害についての理解を共有できてい
なければ，その子の言動を理解できず，人間関係のトラブルにつながりやすいのです。

　たとえば，自閉症（ASD）の子どもは，意図せず他の子どもを傷つける発言をすることが
あります。他の子どもには「明らかに相手を傷つけてしまう言葉なのに，なぜそんなことを言
うのか。思いやりがない。意地悪だ」と映るのですが，本人にその意図はありません。他の子
どもや先生から非難されて初めて問題に気づくのですが，わざとではないのに悪意があったと
か，本人の風変わりな説明に対して周囲の理解が得られず，言い訳と思われると，事態が悪化
する場合があります。

　注意欠陥多動性障害（ADHD）の不注意傾向の場合，周囲が「大事な約束を忘れて遊んで
いた，自分勝手だ，ひどい」と怒る背景には「ちゃんと言ったのに，聞いていないはずがな
い」「こんな大事なこと，忘れるはずがない」という信念があります。本人の衝動性が強く，
行動のブレーキがかかりにくい場合も，「こちらの気持ちを無視された，おろそかにされた」
と周囲が思うからこそトラブルになるのです。学習障害（LD）も，努力しているにもかかわ
らず「不真面目」「嫌いな科目は手を抜く」などのレッテルを貼られることもあります。

　他者の気持ちの推測は大人でも難しいですが，周囲の子どもが発達障害についてよく知らな
ければ，対人的なトラブルが生じるのは必然とも言えます。しかし上述のように，合理的配慮
は子どもたちを対等に扱うために必要です。級友にも合理的配慮の意味を理解してもらい，発
達障害の子どもが特に不得意なことや，逆に長所を理解してもらい，どの子どもも困っていれ
ば助けてもらえる存在だと感じてもらえる学級づくりが重要です。各自が長所を生かしながら
学習できる授業スタイル（例：ジグソー学習）を取り入れることも有効です。

3. 障害のある子どもへの対応
─日本聾話学校の「聴覚主導の人間教育」

　特別支援教育が目指す学びの姿は，「全ての教育段階において，障害者の権利に関する条約

図6-1　馬蹄形に配置した机と赤外線補聴システム

（日本聾話学校提供）

に基づくインクルーシブ教育システムの理念を構築すること」であり，「障害を理由とする差別の解消の推進に関する法律（障害者差別解消法）や，高齢者，障害者等の移動等の円滑化の促進に関する法律（バリアフリー法）の改正も踏まえ，全ての子どもが適切な教育を受けられる環境を整備すること」（文部科学省，2021b，p.21）です。

　ここでは，日本聾話学校の「聴覚主導の人間教育」を紹介します（コラム7参照）。聴覚や補聴器に関する学問を「オーディオロジー」（audiology）といいます。同校は技術・専門スタッフによる「オーディオロジー部」を併設する日本唯一のろう学校です。教室やホールの騒音のある音環境の中で，より聴こえやすいように独自に開発した赤外線補聴システムを利用しています。また，FM補聴システムやデジタルワイヤレス補聴システムを利用して，子どもたちが聴覚を最大限に活用するための音環境を整備しています。教室前方の左右の天井には赤外線送信機，黒板の上の天井には5本のマイクが取り付けられています。授業中は，教師と子どもが互いに表情や口の動きが見えやすいように，教室の机を馬蹄形に配置しています。

(1) みんなにわかる授業，面白い授業づくりが，子どもの居場所を創り出す

　特別支援教育には，子どもが抱えている困難のみではなく，得意なこと，少し支援・配慮すればできることに着目し，子どもが「できた」，「分かった」という実感を得られ，自尊感情が高まる工夫が必要です。ソーシャルワークの「ストレングス視点」（9章参照）から子どもの「強み」を見つけて伸ばし，児童生徒の発達を支えます。授業で「自分も一人の人間として大切にされている」と子ども自身が感じる自己肯定感を育むために，「どの子も分かる授業」，「どの子にとっても面白い授業」になるよう創意工夫することが必要です。

　また，ICTの活用は「障害のある子供たちにとっての情報保障やコミュニケーションツール」（文部科学省，2021a，p.26）になります。ここでは，コロナ禍の2021年に，同校中学部教諭6名が協働で，ICTを活用した授業を考案，実践しました。以下に特別活動の授業の様子を紹介します（詳細は谷，2021を参照）。

　中学部では年度始めのホームルームで，クラス目標を話し合い，係分担を決めました。すると新聞係の生徒が自らノートPCを開き，新聞づくりを始めました。新聞係がクラス目標の話し合いの過程を記事にしはじめると，他の生徒がPCの画面を見ながら口を挟みます。「あれ

はどうだったっけ？」「こうだったんじゃない？」「それじゃ，その部分打ち込んでよ」と話し合い，役割を分担し，共同で作業をし，確認，修正を繰り返して編集を進めました。

　聴覚障害のある生徒たちは，一人一人が自分の意見をしっかり持っていても，互いに伝え合うのが難しいことがあります。また，集団で課題を成し遂げる過程では，お互いの考えを整理し，理解しあうのに時間がかかることもありましたが，必要な場面でICTを用いて自分たちの話し合いをまとめ，補い，共有していきました。感心することは，むやみにICTに頼るのではなく，今まで学校が大切にしてきた，目と目を合わせ心と体で感じ取って対話する意味や意義を感覚的に正しく捉え，その上でICTを自然に使いこなし，取り入れていることです。その上で，生徒同士で活発に議論し，作業が進みました。互いに場を共有して互いの目や表情を見ながら話し合い，黒板・紙や鉛筆を使って，さらに補完するためには，ICTツールを使うと効果的です。それぞれの良さを生徒自身が体感してバランス良く使いこなし，自分たちの目標に近づいていくためには，ICTを活用するとコミュニケーション教育がさらに進み，深まります。

4.　子どもの貧困

　「栄養バランスのとれた食事は，一日の中で給食しかない」「高校や大学，専門学校に進学したいけれど，経済的な理由であきらめている」「頑張っても仕方ないと将来への希望をなくし，学ぶ意欲をなくしている」「こどもだけの時間が多く，保健衛生などの知識や生活習慣が身につかない」等，日本の子どもの7人に1人が貧困の状態にあります（政府広報オンライン，2023）。子どもの窮状を救うため，2013年に「子どもの貧困対策の推進に関する法律」（子どもの貧困対策推進法）が制定され，子どもの貧困対策に関する具体的な目標や施策を記す「子供の貧困対策に関する大綱」が定められました（2019年に改正・改訂：文部科学省，2019b）。経済的に厳しい家庭を，子ども家庭支援センターが生活保護担当のソーシャルワーカーと協働して支援します（9章参照）。

5.　特定分野に特異な才能のある子どもへの対応

　特定分野に特異な才能のある子どもは，わが国では学校生活になじめず，不登校に陥っている例が多く見られます（文部科学省，2022b）。授業が簡単すぎてつまらない，自分なりのやり方や個性を否定された，できることとできないことの差が極端なため馬鹿にされた，自分は面白いと思うのに同級生は難しくてついてこられない等と，学校で苦労する子どもが多いのです。

　有識者会議が2021年に実施した調査では，特定分野に特異な才能のある子どもが学校で経験した困難は，「時間の浪費」，「才能の否定」，「『2E』の特性の理解不足・否定」，「人間関係形成の難しさ・孤独感」でした。「2E」（twice-exceptional）とは，特異な才能と学習困難をあわせ持つ特性です（松村，2021）。

　今後，学習活動と学校生活の双方の困難を解決するための環境や体制づくりが急務です。有識者会議は，①才能や特性の見いだし：才能児のスクリーニングはせず，学校内の「総合的な学習の時間」等で，早期の探究学習により子ども自身が主体的に学ぶと，子どもが自ら才能を見いだせる，②教育委員会や学校関係者の理解啓発，③学校の体制強化，④保護者へのサポートと社会に対する理解啓発，⑤施策の普及方策，の5つの留意点を挙げています。しかし，具体的に学校内外で子どもや保護者をつなぐネットワークの構築や，教員研修の検討は今後の課題です。

6. 外国人の子どもと帰国生への対応

　グローバル化が進む現代の日本は，公立学校における日本語指導が必要な児童生徒は，帰国生や外国人を合わせると，2008 年以降の 10 年間で 1.5 倍に増加し，2021 年は 58,307 人です（文部科学省，2022c）。言語別にみると，最も多い言語はポルトガル語，次に中国語，フィリピノ語です。3 つの言語を母語とする児童生徒が，日本語指導が必要な外国人児童生徒全体の 7 割を占めます。特に 2018 年には，在留資格に「特定技能 1 号」「特定技能 2 号」が設けられ，多くの外国人が家族と共に日本で働くようになり，日本の学校に通う子どもが増えました。

　外国人児童生徒が日本の学校で直面するのは「言葉の壁」です。日本語をほとんど話すことができないまま，日本の学校に通うと授業についていけず，学業不振に陥ります。また帰国生は，海外での経験が日本の学校では通用しなかったとき，精神的に大きなショックを受けたり，級友や先輩，後輩との人間関係で軋轢が生じたりします。いずれも学級で孤立するといじめや不登校につながる場合があります（Plenty & Jonsson, 2017）。

　日本国憲法も教育基本法も，適用される対象は「国民」と定められているため，外国人児童生徒は対象外なのです。そのため 2020 年の文部科学省の「外国人の子供の就学状況等調査」では，2 万人近い外国人の小中学生相当の子どもが不就学であることが示されました。行政が保護者に説明する通訳を確保できない，子どもが日本の教育を受けることに対して保護者の理解を得にくい，保護者と接触するのが困難など，見えない壁があるのです（文部科学省，2020）。

　事態を打開するため，文部科学省は外国人児童生徒の就学機会を確保するため，2019 年から「外国人の子供の就学状況等調査」を開始しました。その甲斐あって，2021 年の同調査では不就学の子どもが 10,046 人で，前年より 1 万人近く減少しました（文部科学省，2022d）。さらに，2019 年から文部科学省が運営しているウェブサイト「かすたねっと」では，様々な教材や文書を日本語と各国語で提供しています（文部科学省，2019a）。

（謝辞）貴重な資料を快くご提供下さった日本聾話学校校長　鈴木実氏および同校中学部教諭　石原雅子氏・木内秀紀氏・谷邦彦氏・飛田貴基氏・大西輝氏・加藤咲枝氏に心より深く御礼申し上げます。参考：学校法人日本聾話学校ホームページ　https://nrg.ac.jp/

▌話し合ってみよう

　多様な子どもが集う学級で，教師はどのように合理的配慮をすればよいでしょうか。グループで話し合ってみましょう。

コラム 6　発達障害は「治す」もの？

山上真貴子（法政大学非常勤講師）

　発達障害の授業の後に，「発達障害は治るのですか？」という質問をよく受けます。この質問の背後にあるのは，障害の原因を個人の心身機能に帰属する障害の個人（医学）モデルです。個人モデルに基づくと，発達障害がもたらす困難に対応するためには，個人が専門機関で治療を受けることで発達障害の症状を軽減し，「普通」の状態に近づけることが目標となります。しかし，この考え方だけでは，障害者が直面する問題の多くを解決することはできません。なぜでしょうか。

　1948 年に発効された WHO 憲章によると，人の健康とは，ただ病気ではないとか，弱っていないということを意味するわけではありません。身体的，精神的，社会的にすべてが満たされてこそ健康だということができます。つまり，障害をもつ子どもの健康を考えるには，障害に関する専門知識だけでなく，実際の生活におけるその子どもの活動，対人関係などに目を向ける必要があるのです。

　こうした健康観は，WHO（2001）の ICF（生活機能分類）モデルにも受け継がれています。このモデルでは，人の生活を生物レベル（心身機能・構造），個人レベル（活動），社会レベル（参加）の 3 つからとらえ，全体がうまく機能しているかどうかに注目します。この 3 つのレベルは互いに影響し合っていますが，生活がうまく機能するかどうかには，さらに次の 3 つの要因が関係しています。

　第 1 は，人の健康状態であり，発達障害などがこれにあたります。発達障害は，個人の脳機能や活動，対人関係に影響を及ぼす可能性があります。たとえば，友人や教師のささいな誤りを指摘してトラブルを起こしてしまう子どもには，細かい点にこだわる，指摘される相手の気持ちに気づかないなどの自閉症（ASD）特有の性質があるかもしれません。また，教師の指示を聞こうとしない，人の言うことを聞かずに勝手に行動する，と思われている子どもの場合，それは意図的ではなく，極度の不注意のせい，つまり注意欠陥多動性障害（ADHD）が原因の可能性があります。さらに，特定の科目だけやる気がなく，宿題をやってこないように見える子どもには，何らかの学習障害（LD）が存在するかもしれません[1]。

　第 2 は，物理的・対人的環境などの外的要因です。たとえば，ASD の子どもが空気の読めない言動をしても，それを笑い合える友人に囲まれていれば，いじめや不登校などの二次障害につながる可能性は低まります。また，周囲が

---

1) 発達障害の区分および呼称は，文部科学省（2021）「障害のある子供の教育支援の手引」にしたがっている。

ADHD の不注意特性を理解していれば，本人への伝え方を工夫することもできます。LD の子どもに対する，その障害特性に応じた ICT 活用をするなどの合理的配慮も，外的な環境因子の 1 つです。

　第 3 は，個人の性格や主観などの内的要因，つまり個人因子です。ICF モデル全体を考えたとき，専門家や教師が知っているのは，そのごく一部に過ぎません。生徒の生活機能全体を把握し，向上させるためには，本人の視点や意向を踏まえることが欠かせないのです。

　なお，生活機能と健康状態の関連の一部は，もともと障害の個人モデルで説明されてきており，生活機能と外的な環境因子との関連は，合理的配慮などに代表される障害の社会モデルから説明されます（6 章参照）。つまり，ICF はこの 2 つのモデルを統合したものであり，さらに個人因子を加えた「全体」を示すことで，人の健康状態を，偏らず見落とさないよう把握するための枠組みとなっています。

　最後に，この ICF モデルを通じて重視されているのが，プラスの側面への注目，すなわち，本人が今持っている強みや，潜在的な強みを見つけて伸ばすことで，生活機能を向上させようとする「ストレングス視点」（6，9 章参照）です。これは，障害のマイナス面にだけ注目する従来の考え方とは大きく異なります。20 世紀初めごろまで，発達障害は個性の 1 つととらえられていました。近年これを「障害」とみなすようになったことで，必要な支援は行いやすくなりましたが，発達障害による特性を必要以上に「良くない」ものと考えやすくなったのではないでしょうか。たとえば，人によって態度を変えるのが難しい ASD の特性は，誰にでも誠実な態度で接する個性として育てることもできます。細部へのこだわりが生きる職業も多いでしょう。不安でしり込みしそうな状況でも，ADHD の子どもは勇敢に行動し，皆を奮い立たせるかもしれません。LD の子どもは，苦手な科目はあっても得意を生かし，思いもよらないユニークな成果を上げることもあるでしょう。

　発達障害の子どもは，人と同じようにするのは難しいけれど，人にはない視点，工夫を通じて自分の強みを生かしていくことができます。教師がそれを信じ，たとえ失敗しても，その努力を認める姿勢を示せば，子どもは粘り強く努力を続け，自分の障害特性とうまくつきあう力をつけることができるでしょう。

　さて，発達障害は治るのか？という冒頭の質問ですが，発達障害特有の脳機能自体が「治る」ということはありません。しかし，その特性を知り対応することで，健康に生活することは十分可能です。ICF モデルは，発達障害のさまざまな個人差や発達障害グレーゾーンについて把握するときにも役立つため，今後さまざまな場面で活用されることが望まれます。

コラム7 日本聾話学校へようこそ—心を聴き合う生活がもたらす希望

鈴木　実（日本聾話学校校長）

1　子どもの笑い声，歌声が響くろう学校

　朝，校舎に入ると子どもたちの歌声が各教室から聞こえてきます。楽しくはしゃぐ子どもの笑い声や元気なことばが学校中に響き，学校生活が始まります。卒業式では在校生みんなの歌声で卒業生を送りだしていて，今年は「いま，未来のとびらを開けるとき……」とビリーブという歌に想いを託しました。早ければ生後3ヶ月くらいから入学して教育が始まり，学校内に整備されている聴覚管理の専門スタッフのケアをもらう中で，子どもたちは季節を告げる小鳥のさえずりを耳にしながら音の世界をあたりまえのように過ごし，伸びやかに成長しています。

　日本聾話学校は日本で唯一「キリスト教精神に基づいた聴覚主導の人間教育」を行っている私立ろう学校で，0歳から15歳の中学3年生までの一貫教育を行っています。今，聴覚障がい児教育に新たな可能性が示されています。本校では最重度の聴覚障がいと診断された子どもたちが，手話を使うことなく自分から聞きたくて聴き，しゃべりたくて話し，音楽が大好きで歌う生活を楽しんで過ごしています。聴能訓練や言語指導の必要もなく，優しさを届け合う生活を通して「心とことばを聴く力」を身につけて自分の人生を歩み出しているのです。

2　ことばは愛着と共感から生まれる

「お母さんのことばは，愛であふれているんだよ」

　いつも守っている礼拝で小学校低学年の女の子が話してくれたことばです。赤

ちゃんはお母さんからお世話を受けたり，話しかけてもらったときに，嬉しそうにニコニコ笑ったり，時にはうなずいたりもします。まだことばがわからないのに，です。それで，私が「赤ちゃんはどうしてお母さんの言うことがわかるんだろうね」と尋ねたら，このことばが返ってきたのです。日本聾話学校の教育は，早期教育をとても大切にしています。脳に可塑性がある乳児の時から聴覚に刺激を届けることが大切なのですが，何よりも全人的な成長のため

には乳幼児期に注がれるご両親の愛情こそが子どもの一生を支える大きな力になるからです。本校の子どもたちは一身に親の優しさをもらって育ち，若葉が光に呼応して自ら枝を伸ばしていくように親の優しい思いが込められた声やことばに心を向けるようになり，愛と信頼を土台として見事に音声のことばを自ら聴いて獲得しているのです。

3 教育の役割

　生まれたばかりの赤ちゃんの耳がきこえないと知らされたときのことを想像してみてください。親とすれば考えてもみなかった子どもが生まれ，どうしていいかわからなくなり，お母さんは子どもにどう関わればいいかわからないまま，なんでこんなふうに産んでしまったかと自分を責め，ひとりで不安を抱え込み，悩むのです。そういう中で，ご両親が日本聾話学校を訪ねていらっしゃいます。

　そんなお母さん方の悲しみが喜びに変わる時がきます。「お母さん，そのままでいいんですよ」というお母さんへの支えが必要です。お母さん自身が愛されないと，子どもを心から愛することができません。ですから，学校の役割は子育てをするご両親を親身になって支えることです。うまくできた，できないではなく，今やっているそのことがとても大切でかけがえのないことで，とてもよくやっているときちんと伝えるのです。そして，ほめるのです。聴覚の管理も徹底して進め，専門家による聴力の測定を重ね音韻レベルでの補聴機器の調整に取り組みます。そうする中で神さまが備えて下さった子どもの命と成長の力に触れ，ご両親はわが子へ愛情を届ける喜びを実感する中で，親子関係が回復していきます。

4 聴覚主導（Natural Auditory Oral Approach）の人間教育がもたらすもの

　本校は，「聴覚障がい児に残されている聴力を最大限に活かすこと」と「子どもの内なる力を信じて待つこと」を教育の土台にすえ，子どもの持つ可能性に寄り添いつつ「子ども自らが聴いて，話し，歌をも楽しむように育つこと」を願っての聴覚主導による人間教育を行っています。子ども自らが心とことばを育てていくためには，生活の関わりの中で一つの題材に焦点を当てて話し合い，意味と想いとを共有していく経験が大切だと考え，私たちはこれを『インタラクション』と呼び，学校生活の全ての関わりの土台として教育に取組んでいます。これにより，たとえ重度の聴覚障がいと診断されても，特別のケー

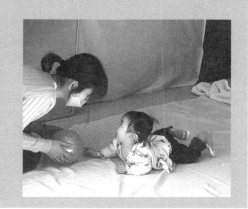

スを除けば，どの子も聴くことができることを前提に教育を進めることができる時代となっているのです。

　生きることは，喜びと挫折，希望と失敗の繰り返しです。ましてや，弱者が標的とされ強者の論理で物事が推し進められる社会の現実に出会うと，不安と恐れで心を閉ざしてしまうのが私たちです。そんな世の中だからこそ，何よりも互いの心を聴き合う共感と信頼に根ざした生き方が求められる聴覚主導の教育が必要だと考えます。本校が願う，聴覚を基にした人間教育としての取り組みの意味はそこにこそあります。私は，神さまの愛をいただいた温かな人間関係の中で培われた人格が，社会に愛と信頼と希望を届けると信じています。そんな共感的で対話的な人間性を育むのが，聴覚主導の人間教育です。今日も子どもたちの明るい笑い声と歌声とが，学校中に響いています。

7章 医療機関における心理的支援と学校連携

　精神疾患は現代社会のひずみを象徴的にあらわしています。またグローバリズムが，医療と教育の連携の活発化を後押ししています。現代的な心の課題を抱えた児童や生徒，教師や保護者は，医療提供サービスを，どのように活用していけるでしょうか？　この章では，医療機関で行われたアセスメントと心理検査の事例を紹介しながら，児童生徒，保護者，そして教師のための，医療機関との効果的な連携を考えるうえで参考になることを説明します。

1. 心と身体症状のつながり―心身両義性を考えることと医療連携

　スクールカウンセラー制度が始まって，25年以上が経過しました。四半世紀の間に制度としてすでに定着していますので，心理支援でできること，できないことを，経験上，的確に理解されておられる教師の方もおられます。そうはいっても，医療機関に紹介するか，スクールカウンセラーやスクールソーシャルワーカー，教師等からなる学校のチーム体制のみで，児童や生徒たちの精神的な課題を抱えられるのか？　判断に迷うことは少なくありません。しかし，いくつかの判断のポイントはありそうです。

(1) 心と身体のつながり―身体のことばと症状

　不登校の子どもは，登校しようと思うとお腹が痛くなり，頭痛や吐き気を訴えることがあります。それを身体症状と言いますが，ストレスや心の苦痛が自覚されず，言葉で表現されていないまま，体の不調として表れていると理解できます。年齢が幼いほど，心の苦痛について言葉を用いて詳細に表現し周囲に伝えることが難しいので，しばしば身体の不調として現れます。また思春期においても，第二次性徴による急激な身体の発達，環境の変化，逆に期待したように身体が発達していかないことに心が追いつかず，身体の不調として心の葛藤が表されることがあります（2章参照）。

　身体の症状を心から発せられた言語として比喩的に理解することを，心身両義性といいます（北山，1993）。例えば頭痛ならば，「頭が痛くなるほど頭を悩ませていることがある」，腹痛は「腹にすえかねる思いがある」などと推測するのです。身体の症状を心が訴えている言葉として置き換えて考えれば，ストレスや心の痛み，葛藤が何かに気づくことができるかもしれません。もちろん，症状を呈している児童生徒の成育歴や周辺の情報を踏まえて推測することが前提となります。

(2) 身体症状に対する対応と医療連携

　身体症状が学校内のスクールカウンセリング，担任と生徒のチャンス相談で軽減されるなら学校内でマネジメントできるかもしれません。しかし身体症状がエスカレートする場合は注意が必要です。例えば，不登校と併発した過敏性腸

症候群が重篤化して，数年後に手術に至った例もあります。教育現場では何かのきっかけで緊張が高まり過呼吸発作を起こす生徒に出会うことも珍しくありません。もし頻繁に発作が起きて意識消失が生じるような場合には，当該生徒が抱えているストレスが相当に深刻であること推測されますし，他の生徒にも動揺を与えてしまうかもしれません。授業の進行にも影響が出る場合には，学校内や教師のみで抱えずに，精神科や心療内科だけでなく，内科や神経科，皮膚科等への紹介を試みることが望ましいでしょう。

2.　精神科との連携の目的と意義─その判断のために

(1)　発病や発症のリスクをくいとめるために

　思春期や青年期に好発する精神疾患は多く，特に気を付けたいのが，統合失調症の発症が推測されるときです。統合失調症は現在軽症化してきています。海外では統合失調症は消えてなくなるのではないか，とさえ言われているのです（須賀，2017；内海，2017）。2000年代前半までは，統合失調症と診断される方は「病識がない」，つまり，妄想や異常な体験を「絶対に事実だ」と信じて疑わないところがありました。最近は自ら「なんだか自分が変な気がして怖い……」と落涙して，己の異変に気づいておられる青年に出会うようになりました。症状が熾火ではなく燻りのようなのです。感情の平板化だけが前景にあって，うつ病との区別がつきにくいことも起きています。近年，ヤングら（Yung et al., 1996）が提唱した思春期や青年期のARMS（At-Risk Mental State；精神病発症危機状態）と呼ばれる，精神病性疾患の前駆段階へのアプローチが進んでいます。ハイリスクの子どもや青年を見つけて，家族への心理教育支援も合わせた早期治療と投薬を開始し，本格的な発症を防ぐようにするのです（桂，2016，2019）。ARMSと考えられる青年は，自傷行為や希死念慮，学校でいじめの被害者になりやすいこと，保健室の利用頻度が比較的高いことがわかっています（関崎，2016）。次に示すケースは，生徒が医療機関を受診し，心理検査を受けたことで，心理的課題の重さが浮かび上がってきたと言えましょう。

事例1　不登校と自傷，頭痛に悩まされていた高校生

　A子さんは，小学校時代は毎日学校に通っていましたが，いつも人から嫌われている気がして落ち着かない心もちですごしていました。中学校では部活動の部員に嫌われていると感じて頭痛がするようになりました。高校に入学するとクラス全員から嫌われている気がして，いつも逃げ出したい気持ちになっていました。苦手な数学や化学の授業が難しいので，頭痛とめまいがする自分を責めてリストカットをするようになりました。廊下を歩いているとすれ違いざまに悪口を言われている気もしていました。ご両親は，時折空を見つめてぼうっとしているA子さんを見ると怠けているとみなし，厳しく注意をしていました。

　学校からの紹介で医療機関に来談したAさんに，ミネソタ多面人格目録（MMPI：Minnesota Multiple Personality Inventory)[1]といくつかの描画法のテストを実施したところ，別の側面が見えてきました。MMPIでは，精神病的な思考が示唆される尺度が高得点を示していました。うつ状態を示す尺度，身体症状を示す尺度，妄想の程度を示す尺度も高得点でした。心的外傷の大きさもさることながら，精神病に匹敵する状態にあることが分かったのです。臨床描画法のバウムテスト（Baum Test）では，

---

1) アメリカのハサウェイ（Hathway, S. R.）とマッキンレー（McKinley, J. C.）が開発したインベントリー式の人格検査。地域によっては公立の教員採用試験にも導入されている。2020年には最新版のMMPI3が発売されている。

とても小さな枯れ木を描き，枯れ葉が数枚ついていました。そして幹の上に突き出た枝は傷だらけで折れたり切られたりしていました。

　バウムテストの樹は，クライエントの自己の姿を示しています。心的外傷の重さが深刻であることがわかります。さらに枯れ木であること，MMPIの結果を考慮すると，被害感に苛まれていて教室にいるだけでも逃げだしたくなるほどであり，幹上の枯れて切られている枝は近い将来を考える余裕すらもないことを示しています。教室のさまざまな刺激やコミュニケーションすら，とてつもない恐怖感をA子さんにもたらしているようです。このような場合，家庭での親子関係の改善だけでなく，しばらく休養と投薬治療が必要であり，学校にいて落ち着かない場合には，A子さんをそっと保健室に連れて行き，静かに見守ってあげる体制が必要です。このアセスメントを保護者からスクールカウンセラーに伝えていただき，学校側も考慮してくれるようになりました。

(2) 医療につながりにくい心身の不調の早期発見と対応

　摂食障害も，好発年齢が思春期から青年期であり，拒食症は高校生段階，過食の発症は20歳手前が発症のピークとなっています。日本においては，標準体重よりも痩せているとされるBMIが18.5以下の青年女子の割合は20.7％で，5人に1人の割合になっています（厚生労働省，2019「国民健康・栄養調査」）。医療機関への受診に抵抗感が強い摂食障害の青年を早期発見するには，学校現場でリスクの高い児童生徒を見出し，家族や当該生徒への治療へのモチベーションを促す対応が望まれます。清家ら（2018）は，1272人の養護教諭を対象に調査を行い，摂食障害の早期発見の手立てとして何を活用しているかのデータを収集しました。その結果，養護教諭の8割以上が，「体重測定の結果」（82〜91％）「部活動顧問からの情報」（30〜40％）を活用していることがわかりました。学校の健康診断や教師，部活動顧問の観察眼は，治療につなぐための足掛かりとなるのです。

　医療機関への紹介において状況を見極めながら進めることが肝要なのは，リストカットやアームカットを繰り返す生徒に対しても同様です。生徒本人が自ら治療や支援を希望することは稀ですし，スクールカウンセリングを導入しても「切って気持ちが楽になるのならいいじゃないか」と主張されることがあります。学校での初期対応には，家族をふくめた自傷行為に対する考え方や態度，治療へのニーズの強さ等の正確な情報を把握すること，受診を勧めるとしても，抵抗感や拒否感があることは当然なので不安や拒否感について丁寧に話を聞くことが大切です。その上で受診の必要性を焦らず時間をかけて説明し，真摯に向き合う姿勢が求められます（安岡，2004）。

(3) 器質的な問題との鑑別を─心理的な問題なのか否か？

　先にも述べたように，各種身体症状は生徒の性格やストレスに起因していることを前提としがちですが，医療機関では，症状が隠れた身体疾患や器質的な問題により引き起こされているのかどうかを確かめ，精神科以外の検査結果をみてから，カウンセリングの導入を決めます。教育相談やスクールカウンセリングの現場でも，同様の慎重なアセスメントは必要不可欠です。

　ある事例を紹介しましょう。担任である教師は，いつも活発で腕白な小学生の男児が，名前を呼びかけてもぼうっとして，聞こえていないかのように見えることに気がつきました。ご家族は全く気がついていなかったのですが，医療機関を受診したところ，彼はてんかんの部分発作によって呼びかけに応じていなかったことが判明したのです。普段の教師の観察眼は，やはり重要なのでしょう。ちなみに意識消失については，心理的な要因で起きているのか，てんかんによって起きているのか鑑別は容易ではなく，専門医に紹介することが望ましいとされてい

表 7-1　一過性意識消失の原因による分類

1	てんかん	部分発作，全般発作，未分類てんかん発作
2	失神（狭義）	心元性失神　　不整脈，器質的心疾患
		非心元性失神　神経調節性失神，起立性低血圧
3	その他	椎骨脳底動脈系の血流不全
		心因性（心理的な要因）

（黒川・園生，2019，p. 19 を一部改変）

ます（黒川・園生，2019）。一過性の意識消失の原因は主に 3 つに分類されます（表 7-1）。

　最近は稀になりましたが，心理的な要因であるヒステリー症状が疑われる麻痺や痺れについても，器質的な原因がないかどうかを確かめる慎重さを心がけたいものです。

(4)　発達障害と投薬での対処―リスクを考慮する（6 章参照）

　発達障害への関心の高まりからでしょう，近年保護者が，子の多動性や注意・集中力の困難さを，緩和することに興味を持つようになりました。ただし成人とは違い，児童や思春期の未成年には使用量の見極め，副作用などのリスクを留意した上での判断が必要です。2020 年からは ADHD 諸症状への治療薬は，登録医のみが処方できるシステムになっており，薬を使用する側の登録も必要となっています。注意集中ができず，不注意やミスが多い児童や生徒を，助けてあげたい，保護者の苦労も和らげてあげたいという思いは支援者にはあります。しかし，まずは教育相談やスクールカウンセリングの過程で，親子の関係性を見つめ直し，心理面や教育指導の工夫で症状が緩和できないかどうかを試みたうえで，専門的な観点から投薬の必要性を検討する道筋が望ましいと思われます。本来のカウンセリングや教育相談の目的は，児童や生徒たちの幸せのために貢献することです。児童生徒が，家庭や学校の日常生活を楽しく生きられることを目指しましょう。

3.　教室と診察室で見る児童，生徒の姿とは

(1)　ADHD とするか LD とするか？

　近年，精神科の現場では，発達障害の中でも ADHD と診断をされる人が増え，LD と診断される割合が減少しているようです（田中・山崎，2020）。医療と学校では，何をみて，どのように対応するかの観点が異なるからでしょう。例えば ADHD であると医師から診断をされた大学生に対して，知能検査の WAIS-Ⅳ を実施したところ，処理速度を表す一部の下位検査の遂行に相当な時間がかかったことがありました。そこでご本人に「もしかしたら，学校では黒板の字を書き写すのに時間がかかって困りませんでしたか？」と尋ねると，「すごくありました！　書いている途中でどんどん黒板の字が消されていってしまうのです」と答えたのです。この場合，書き写しの不得手さを重視すれば，限局性学習症ということも考えられます。医療の現場で着目されるのは，診察の場で語られた内容が中心となります。学校での学習や作業の場面での具体的な困り感が話されなければ，教育的観点でのアセスメントは後回しになりがちです（6 章参照）。

　長尾（1991）は，表 7-2 のように，教育と医療の観点の違いについて示しています。課題の解決やその人にあった個別の教材を工夫する，授業の習得内容の効率のよい定着を促せるかどうかは，医療での診断よりも，近くで学習者を見て教えて，その理解度を知ることができる教師が最も専門的な視点を持っています。他方，医療においては，多職種連携の中で症状や病理の軽減を目指すことになります。

表 7-2　教師と精神科医療の業務上の相違

	学校教育	精神科医療
構成メンバー	校長，教頭，教務主任，担任，副担任，養護教諭，スクールカウンセラー（臨床心理士・公認心理師），スクールソーシャルワーカー	医師，看護師，精神保健福祉士，公認心理師や臨床心理士など
支援対象となる人	児童・生徒個人，集団，保護者	患者として来院した個人や家族
対応頻度	毎日	診察なら 10-15 分で月 2 回から 1 回　カウンセリングなら 45-50 分の設定で週 1 回から月 2 回
援助サービスの内容	生徒指導，集団指導，個別指導，現実的・具体的な事実をもとに指導し，援助する。現実的な課題を設定し，段階的な課題解決に向かって努力する。現実復帰の促進。	診断・投薬，心理検査，精神療法，心理療法，環境調整，入院治療，集団療法，デイケア。症状の軽減と発達上の問題のある時点からの育てなおし。
アセスメントの観点	集団やクラス内での言動，不適応行動，学習状況，学習の定着の様子，成績や進路の希望，苦手科目の原因	診察室でのコミュニケーション，心理検査や心理療法での様子や言動

（長尾，2000 を一部改変）

(2) 医療と学校の連携の新しい試み

　ところで，医療連携のためには，教師やスクールカウンセラーが医療現場を訪問するか，電話等で情報を共有することが多いのが実情です。医療機関に勤める心理士が公認心理師資格を持つ場合，主治医の指示のもとカウンセリングや心理検査業務を行うことになります。また面接室外でクライエントのために行動や連絡を行うことは，治療構造枠の拡大や行動化の意味もありますので，医療機関の心理士が，一人の判断で積極的に学校に出向いて説明することはあまりありません。医療と学校の連携を目指すには，双方が情報を共有できる「場の確保」への取り組みが重要課題となっています。

　そこで医療と学校の違いや限界を念頭においた協力関係を作り，児童や生徒の支援を実りあるものにする試みがなされてきています。例えば，長岡京市の教育支援センターでは，教育相談や就学相談の中に診察機能はない（つまり処方箋は出さない）医師の面談の機会を設ける「同時面談システム」があります（清水，2018）。医療的な見立てや助言を来談する児童生徒や保護者だけでなく，学校関係者も同席することが可能なので，家庭・学校・医療の 3 つの立場の見解や情報の共有が実現し，適切な支援に活かされています。

4.　背景にあるものは？
―心理検査から見えてくる児童や生徒の真実をとらえる

　医療機関と学校とが連携をする場合には，クライエントである児童生徒や保護者の強い希望があって実現することが多いと思われます。学校側から心理検査を受けるように促されて，児童生徒が来談することもあります。そのような場合，保護者だけでなくクラス担任がその児童や生徒との向き合い方に，行き詰まっていることが多いものです。しかし，次の事例のように，医療機関でのアセスメントから，それが成長の一つのプロセスであることがわかってくることがあります。

事例2　学校で固まって大粒の涙を流して話せなくなってしまう，小学生の男児B君

　B君は，乳幼児期からアイコンタクトが合いにくく，友達と行動することが少ない子どもでした。幼稚園の遠足にいっても1人で遊んでいて，集合の相図にも反応せず，ちょっとした刺激でキューっと顔がこわばり固まってしまうのでした。笑うことも泣くこともなく大人しい坊やで，家では大好きなおさかなの種類を一覧表にして書き綴っていました。「モンゴウイカ，スルメイカ，フエヤッコダイ，クロダイ……」などなど，幼稚園の幼い子どもにしては博識です。小学校に入ると，学校の給食を食べられなくなってしまいました。登校しぶりが始まり，朝，玄関先でもじもじしてこわばって動けなくなるのです。しかし，なぜだかすんなりと学校に行くときもあります。学校側は医療機関への受診を母親とB君に勧めました。診察で自閉スペクトラム症の可能性が高いと診断され，PARS-TR[2]を実施することになりました。この検査では，母親からみた幼児期から現在までのB君の普段の様子，行動の特徴，認識や知覚の特徴を聞き取ることでアセスメントをしていきます。検査をした心理士は，B君がテレビの音に敏感で耳をふさいでしまうこと，好き嫌いが激しく偏食があったことについて母親が楽観的に受け止めていて，B君の発するかすかな困惑のサインをとらえきれていないように思われました。また，B君が最近になって，学校の中でワーンと大泣きしたエピソードが語られたのです。そんな風にB君が情緒を露わにしたことは家でも外でも一切なかったので，突然の出来事に母親は動揺していました。

　この時，心理士は「B君の情緒が氷解して涙になったようだ」と感じ取りました。そして母親に「B君はこれまでも困っていても喜んでいても，どうやって気持ちを表現していいかわからなかったのかもしれない。だから岩や氷のように固まるしか術がなかったのでしょう。でも，泣いたということは情緒の表現経路がわかってきて氷が溶けだしたのかもしれない。彼の好きなこと，嫌なことを言葉にしてお母さんから伝えて，そういう気持ちを感じて表現していいんだよと，声をかけてあげましょうか」と伝えました。またその旨を心理検査所見に書いて，学校に伝えていただきました。すると，B君は1か月後，学校でもおしゃべりをし，笑うようになったのです。

　一方で，児童や保護者の学校生活のとらえ方と，医療機関で実施された心理検査の結果の相違が起きることがあります。これは，前ページの表7-2のように，場面や環境により児童や生徒が見せる姿が違うことを示唆しているでしょうし，心の複雑さが読み取られることがあります。

事例3　「教師にいじめられた」という小学生男児が表現したもの

　一人っ子のC君は小学生の男児です。ある日，国語の時間で本読みを当てられたときに，漢字を読み間違えてしまいました。この時にC君の周りの子がからかって騒いだので，教師は注意をしました。するとC君は先生に失敗を怒られてしまったと思い，その日から担任の先生の名前を聞くだけで，頭痛がするので学校に行きたくないと泣いて訴えるようになりました。両親は学校長に抗議をしたことで翌年はその先生は担任ではなくなりました。しかし今度は，C君の隣の席の子が，国語の時間に本読みで失敗してしまったのです。C君が本読みをうまくできなかったときのように，漢字を読み間違えて

2）母親に対して構造化面接をして得られた情報から，自閉スペクトラム症の行動や特性の程度について評価する心理検査。3歳以上から成人までを対象としている。

いたのでした。C君は過去に読み間違えたシーンを思い出し，再び学校に行けなくなって吐き気と腹痛を訴えるようになりました。両親は学校にC君への配慮を求め，C君の心の傷を心配して受診しました。

　主治医の指示で，自己や他者の過失で欲求不満に直面したときに，どのようなコミュニケーションをとるかを読み取る，PFスタディ[3]という検査を心理士が実施したところ，C君は次のような反応をしていたのです。他者過失場面では「バーカ人間のくず！」「お前に呼ばれるつもりはない，このブース！」「ぼくがせんりょう，あっちいけ来るな！」，自己過失場面では，「ごめんなさい」「すみませんでした」。

　当初，C君は傷つきやすく繊細であるように思われましたが，『おやおや』です。C君自身の攻撃性が強いために，他者からも同様に攻撃されて傷つけられると思い込んでいること，二面性があることが推測されました。このような場合，C君自身の心の傷を癒すことと共に，C君自身や他者に対しても寛容で，優しくなることが治療の真の目標になるでしょう。

　このケースは，保護者が学校への対応に不満を持っているため，医療と学校が緊密に連携すれば，保護者と子どもは医療機関に対しても同様な不信感を抱いてしまうことが予測されます。医療と学校とが連携するとしてもその方法を検討することが重要となります。

5. 教師のメンタルヘルスと医療的ケア

　昨今，教師の働き方改革が急務の課題になっています。教師という仕事は，学級経営，校務文掌，学級通信作成，進路指導，教材やプリントづくり，採点や成績つけに追われて，エンドレスの勤務が毎日続くものです。下田・武内（2016）は過重な教師の勤務について，バーンアウト状態に陥る危険があること，うつ状態となれば教員同士だけでなく児童や生徒との関係性に深刻な影響が生じてしまうと警鐘を鳴らしています。さらに，うつ状態となった場合に信頼できる医療機関にたどり着いて通院を続けることが，疲弊状況を見つめなおすためにも効果的であることを述べています。

　学校組織全体で，うつ状態に陥った教師のサポート体制を温かい配慮をもって組むことが重要なのは言うまでもありません。ただし，周囲の教員は休職した教師が担当していた仕事を引き受けることになりますので，教員の欠員補充がなければ負担が増大してしまいます。「働き方改革」が導入されて勤務時間が短縮されても，校内で多くの仕事を完遂しなければならない教師にとっては，土日も出勤して平日の仕事を補うこともあります。過重負担の連鎖が生じれば，管理職の教員もそれ以外の教員も，協働を円滑にするこころの余裕が失われてしまう恐れがあります（藤井・栢森，2022）。各教員のメンタルヘルスの向上や，各自の能力を十分に発揮するためにも，児童生徒だけでなく教師のための，学校と医療の連携も展開されるべき領域だと言えましょう（8章参照）。

6. ま と め

　医療機関と教育の連携が効果的に作用するためには，診断結果や心理検査，心理療法の経過

3）開発者はアメリカのローゼンツヴァイク（Rosenzweig, S.）で，絵画欲求不満検査という。また投影法に属する心理検査である。自己過失場面や他者過失場面，超自我阻害，自我阻害場面が設定されているイラストを見て，直面した欲求不満に対してどのように反応するか，吹き出しの中に記入する検査。児童版，青年版，成人版がある。

に関する情報共有の範囲と目的，連絡の頻度，児童や生徒，保護者が連携について何を期待し，どう感じているのかを見極め，アセスメントしながら進めていくことが肝要です。そのために，教師は担当医師や心理士，校内のスクールカウンセラーの見解に留意し，見解の相違があっても，多様な観点で俯瞰し，教育的支援に活かすことが求められます。また児童や生徒が見せている姿は，どの場面，どの場所も同じとは限りません。教師側の見方が変化することで，生徒の新たな資質が見いだされ，ポジティブな相互作用が展開するかもしれません。真摯に児童や生徒と向き合い，よく観察しましょう。そして必要な医療的資源を活用することを教師も児童，生徒も共に厭わず，よりよく生きるために使うことを目指したいものです。

考えてみよう

　「授業中，視野が急に狭くなることがあり，教科書の文字が見えにくい」，という生徒がいます。どのようなことが考えられるでしょうか？　またあなたなら，医療機関への紹介を勧めるとすればどのように生徒や保護者に説明をしますか？　考えてみましょう。

コラム 8　日本の幼稚園と小学校での異文化体験

Oberwinkler, Michaela（デュッセルドルフ大学講師）

　ドイツ人の母親である私は，夫（同じくドイツ人）と3人の娘たち（小学生2人，幼稚園生1人）と共に，2017年から2018年にかけて1年間日本に滞在しました。その1年間は私たち一家にとって，とても特別な経験になりました。事前に，娘たちがどうしたら海外生活にうまく適応できるか，私は色々と心配しましたが，長女は日本で過ごす1年間は，インターナショナルスクールではなく，普通の日本の学校に行きたいと言い出しました。長女は特別扱いしてほしくない，日本の社会に適応したいと思っていたようです。しかし，日本語をほとんど話せない金髪の少女にとって日本の学校に通うことがどれほど大変か，9歳の長女はまだ分かっていませんでした。

　最初にいい雰囲気を作り出したかった私たちは，登校初日に学級で配るためにドイツのお菓子を用意しましたが，日本の小学校では食品の持ち込みが禁止されていると知らされ，がっかりしました。しかし，娘たちが各々の学級に入ると，落ち込んだ気分はすぐに吹き飛びました。各学級はゲームやミニコンサートでもてなしてくれました。コンサートで披露するドイツ語の歌も特別に練習していたのです。2つの学級はその後1年間，娘たちをずっと歓迎してくれました。

　娘たちは前向きかつ友好的に学校に受け入れられましたが，日本語での学びは，娘たちにとって大きな挑戦でした。私たち親はできるだけ娘たちにストレスをかけないように，個別にサポートする個人指導を自宅で受けられないかと考えました。娘たちが午後だけでも自宅で個別指導を受けられないかと，何度も校長先生に頼んでも，許可が下りませんでした。学校は，将来まで見通すと最初は大変でも，我慢強く学び続けることが大事だから特別扱いしないという方針でした。大変ながらも，まさに長女が望んでいた通り，日本人と同様に扱われたのです。

　日本の学校に転入したのは秋でした。最初は言葉が分からなくて相当大変だったので，体育の授業はいい気分転換になりました。特に小学校の運動会の組体操の練習が楽しく，友情が深まりました。ところが11月になると，全校マラソン大会を実施すると知り，私たちは驚きました。11月中旬には気温はすでにかなり低く，大人は厚手のコートを着ていたのに，児童は半袖の体操服を着て外を走るのです。スタートの準備が完了するまで，児童は各グループに分かれて待ちます。ドイツ人の私から見ると，子どもたちが凍えて寒さにさらされるのは信じ難い光景でした。翌日には全員がひどい風邪を引くのではと心配しましたが，体育

の先生が言う通り，運動で十分に体が温まり，誰も体調を崩しませんでした。

　私の知る限り，運動会も毎日の給食もない小学校がドイツではまだまだ多いです。毎日健康的でバランスの取れた新鮮な給食を作るために，学校側が特別に栄養士を雇っていると聞き，とても感動しました。さらに，児童が食堂ではなく，皆教室で揃って，先生も一緒に給食を食べる習慣は素晴らしいです。そして，食事は職員ではなく，児童自ら配膳するため，責任感が育まれると実感できました。

　残念ながらドイツの大半の学校は正反対です。元々給食の制度がなく，昼食は学校の外部の業者に委託しています。全学年の児童が一緒に利用する食堂はうるさく，落ち着きがありません。職員が食事を配膳しますが，食べ物を大事にする心は児童に伝わりません。児童は食べ物を平気で残してしまい，ひどい時は玩具の代わりに部屋中に投げることもあります。うちの娘たちは日本で給食の時に責任を持って丁寧に料理を扱うことを習い，素晴らしい体験ができました。

　衛生面においても，日本の小学校のほうが進んでいます。ドイツでは，児童が教室を掃除するのは，ごく一部の学校だけです。そして上履きも，ドイツでは一部の学校でしか導入されておらず，社会全体も同様です。ドイツでは，来客があると靴を履いたまま家に上がるように勧めるのが，ごく普通のことです。

　最後に，私の末娘についてお話したいと思います。末娘はドイツの幼稚園から日本の幼稚園に転入しました。ドイツでは，幼稚園児や小学生が腰痛にならないように，そして長期的にも背骨に負担をかけないように，非常にこだわってよく工夫されたリュックサックを選びます。例えばリュックが丈夫で，背負ったときに汗をほとんどかかないこと，重さがうまく背中に分散されること等を重視します。見た目より，よく使いこなせることが重要なのです。勿論，高品質なものにはそれなりの値段がついており，私たちは末娘のために，ドイツで愛用していた高価なリュックを日本の幼稚園に持参しました。しかし，幼稚園の先生方はドイツのリュックをあまり評価しなかったのです。末娘が使い慣れ，安心感を覚えているのに，幼稚園の先生方からは，他の園児と同様に日本の鞄を使うのが望ましく，水筒，お弁当，傘や靴など，それぞれに対応する様々な袋を使うよう指示されました。ドイツ人からすると非常に不便で，多くの荷物を手で持つと危険です。娘がバックごとひっくり返るのではないかと心配でした。しかし幼稚園の先生方は，園児全員が同じものを使い，同じ種類の袋で同じ感覚を培うことが大事と考えていました。ドイツの個人主義と日本の集団主義の違いが非常に明確になりました。

　私たちは１年間の日本滞在中に様々な体験ができました。理解し難いところが少々あっても，全体に非常に有益な時間でした。私たちの世界観はより拡がり，多様な考え方や生き方に寛容になりました。みなさんも機会があれば，休暇だけでなく，しばらく海外に住んで様々な生活様式を体験されるよう，お勧めします。

8章 教育相談に活かせる心理療法の基礎理論と教師のメンタルヘルス

　なぜ教育相談には心理療法の理論が必要なのでしょうか。その理由は，理論に基づくと，学校でのケース会議で正確なアセスメントを伝えられ，学校体制の変化や子どもの問題の本質を捉えた支援につながるからです（大塚ら，2020）。

　この章ではまず，教育相談の基本となる代表的な3つの心理療法（精神分析的心理療法，認知行動療法，クライエント中心療法）を概説します。次いで学校や学級集団を対象とする予防・開発的教育相談，教師のストレス・マネジメントについて紹介します。

1. 心理療法の基礎理論

　心理療法の最大の目的は心の病の治療です。心を育てることを主眼とする教育相談とはアプローチこそ異なりますが，心理療法の理論は教育相談の基盤を成すもので，極めて重要です。現代では心の病を患う子どもが増加し，教師が子どもの心の病に向き合う場面が少なくありません（7章参照）。子どもの心身の不調に気づき，身近でサポートする立場の教師がカウンセリングマインドを持ち，子どもの心に寄り添って対応することが一層求められます（1章参照）。國分（1995）は教師に，精神分析からは切り込む知性を，行動療法からは現実的な動き方を，そして来談者中心療法（後のクライエント中心療法）からは許容の精神を学ぶよう勧めています。

(1) 精神分析的心理療法—生い立ちや生育環境等，過去にさかのぼって理解する方法

　近代の心理療法は19世紀，力動心理学を以て大いに展開しました。中でもフロイト（Freud, S.）がメタサイコロジー（メタ心理学）として体系化した理論が精神分析です（福島，1990）。「不安」「葛藤」「無意識」などの言葉は，精神分析が術語化して広く使われるようになりました（北山，2018）。

　フロイトは構造論として，①欲動（リビドー）が充満した心的領域を「エス」，②リビドーのエネルギーを行動の目的に適うように活用しようとする領域を「自我」，③自我に規範を示し，逸脱した行動を選択した時には罪悪感を抱かせる領域を「超自我」に分け（図8-1），無意識が超自我と関係していると考えました（Freud, 1923）。幼少期の経験が無意識に存在し続け，その後の人生に与える影響を重視するため，精神分析は「無意識の心理学」（北山，2018）と呼ばれます，精神分析は，後の臨床心理学および発達心理学の発展に大きな影響を与えました。

　フロイトは心の領域を，①日常的な「意識」，②リビドーを抑圧する「無意識」，そして③その中間層である「前意識」に分け，自分にとって不都合な事柄や心的外傷を無意識下に抑圧することが，様々な心身の問題の原因となり，症

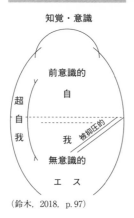

図8-1　フロイトの
　　　　心の構造

知覚・意識

前意識的
自
超
自　　　　我　被抑圧的
我
無意識的
エ　ス

（鈴木，2018, p.97）

状として現れているとしました（Freud, 1940）。つまり，悩みや症状の根源には幼少期に経験したつらい出来事が存在し，その人の精神に内面化，無意識化されていると考えたのです（江花，2021）。精神分析は心理治療により抑圧されている事柄や心的外傷を意識化し，自我の機能を高めることを目指します。

　一例を挙げると，心理治療場面では，患者が本来別の重要な他者に向けるはずの感情（怒り，好意など）を治療者にぶつける「転移」が時々現れます。例えば，幼少期の愛着形成が不十分な患者が，心の奥底にある親への不満を治療者に繰り返しぶつけるような場合です。また治療者が患者に示すこともある同様の現象を「逆転移」といいます。転移や逆転移がなぜ生じたのかを治療者が解釈することにより，患者の心の問題を意識化するなどして，問題の克服を促していきます（Freud, 1940; 名島・鑪，1990）。

(2) 学習のしくみに基づく認知行動療法とソーシャルスキルトレーニング

　認知行動療法（Cognitive Behavior Therapy：以下 CBT）は，人間の認知，行動，情動，生理に関する問題を解決するために，行動療法と認知療法の2つを体系化し（谷口，2021），「認知の偏りを修正し，問題解決を手助けすることによって治療することを目的とした精神療法」（坂野，2020, p.697）です。医療や教育，発達支援，福祉，司法など様々な分野で用いられます。

　行動療法　1950年代に隆盛したパブロフ（Pavlov, I.）の条件反射理論，ソーンダイク（Thorndike, E.）の試行錯誤学習，S-R 理論（Stimulus-Response Theory）にもとづくワトソン（Watson, J.）の行動主義によると，誤学習や適切な学習の不足により不適応行動が生じます。これら条件づけ学習理論を土台に不適応行動を消去し，適応行動を学習するのが行動療法です。かつては患者の抱える「条件刺激−条件反応（誤学習）−結果（問題行動）」の悪循環を把握し，消去や罰など治療的介入により問題行動を変容させました（福島，1990）。しかし現在は，まず問題行動に代わる適応行動（代替行動）を積極的に強化します（Alberto & Troutman, 1999）。

　例えば，担任教師が自閉スペクトラム症の小学1年生女児の離席行動に注目すると，この行動は強化され，むしろ女児が授業中に立ち歩く回数が増えました。そのため教師には，女児が離席している時には，できるだけ注目せず，着席行動に注目するよう教示したところ，女児は座って授業に参加するようになりました（庭山・松見，2016）。

　認知療法　行動理論は動物実験をもとに体系化されていたため，人間には適用しがたいという批判もありました。1960年代には，精神分析の流れを汲んだベック（Beck, A. T.）が患者のうつ病が続くメカニズムを見出し，認知療法が生まれました（谷口，2021）。ベックのうつ病治療を端緒として，1970年代以降は「認知」のメカニズムへの関心の高まりを反映し，非論理的な思考パターンや極端な認知情報処理（例えば，実際はそうではないのに「常に皆が私を見てあざわらっている」という認知）を調整する認知療法が開発されました（坂野・上里，1990）。その後は摂食障害，不眠，恐怖症など様々な疾患の改善に有効な CBT が展開しました。教育場面では，発達障害，特別支援教育，教育相談（不登校やひきこもり）などを対象に，認知療法は幅広く用いられています。

　認知行動療法　1990年代以降になると，CBT の「第3の波」（Hayes et al., 2004）であるマインドフルネスが到来します。マインドフルネスとは「今，この瞬間の体験に意図的に意識を向け，評価をせずに，とらわれのない状態で，ただ観ること」であり，「観る」とは「見る，

聞く，嗅ぐ，味わう，触れる，さらにそれらによって生じる心の働きをも観る」ことです（日本マインドフルネス学会 HP）。CBT は現在，診療報酬点数が適用される唯一の心理療法で，日常のストレスへの対処に効果があります（谷口，2021）。近年は書籍やインターネットの活用により人員や時間を減らして，効果的にストレス対処能力を高める「簡易型（低強度）認知行動療法（Low-Intensity CBT）」が開発され，教育現場で活用されています（大野・田中，2017）。

　なかでも暴露反応妨害法（エクスポージャー）は，不安や恐怖を喚起する刺激に敢えて近づき，それでも予想していた重大な事態が発生しない体験を重ねることで，不安や恐怖への抵抗力を増強していく方法で，恐怖症，強迫症や不登校などに効果があります（西村，2013；中尾，2021）。例えば不登校の場合，「学校に行くと嫌なことが起こる」（＝不安度の指標である自覚的障害単位を最大の 100 とする）と不安に駆られている子どもに，まずは保健室登校をしてもらい，「そう嫌でもなかった」（＝自覚的障害単位は 70 に減少した）という経験を重ね，次第に登校日数や滞在時間を延ばしていきます。試行の成果を都度確認し，「教室で授業を受ける」という最終的な目標行動に向けて，手順を小さな行動に細分化してスモールステップで不安を低減していきます（西村，2013）。暴露反応妨害法では，「その場にとどまっていると不安は自然に消失するということを学習する」（坂野，2020，p. 698）ことにより，悪循環を断ち切ることがねらいです。

ソーシャルスキルトレーニング（SST）　　ソーシャルスキルトレーニング（Social Skills Training：以下 SST）は，対人不安の高い神経症のために開発された CBT の代表的な技法です（坂野・上里，1990；小林，2021；表 8-1）。学校では，小学校入学後に児童がうまく集団になじめず，学級が落ち着かない小 1 プロブレムや，小学校から中学校への移行期に不登校や暴力行為が増加する中 1 ギャップの他，人間関係の悩みなど心理や進路で不安を抱える子どもを対象に，社会性の発達を支援する心理教育プログラムとして SST の導入が推奨されています（文部科学省，2022）。

表 8-1　社会的・対人的場面の SST

①　教示（インストラクション）：獲得すべきスキルやポイントを教える。特別な支援の必要な子どもには，ことばや絵カードを用いると有効である。
②　モデリング：目標となる適切な社会的スキルを示すモデルとよくないモデル（コーピングモデル）を対提示し，目標とする行動を具体的に絞り込んで学ぶ。
③　行動リハーサル：楽しい雰囲気でロールプレイングを行い，スキルを身につける。
④　フィードバック：行動を振り返り，行動を修正したり，ほめて強化したりする。
⑤　般化：保護者や指導者と連携し，日常生活で行動を実践する範囲を広げていく。

（坂野・上里，1990；小林，2021 より作成）

(3) クライエント中心療法—「今，ここで」のその人のありのままを理解する方法

　精神分析と認知行動療法に続く第 3 勢力が，人間性心理学です。代表的なロジャーズ（Rogers, C. R.）のクライエント中心療法は，わが国の教育相談に最も大きな影響を与えてきたアプローチです（1 章参照）。精神分析理論は，現在患者が抱えている症状や悩みよりも，精神構造の厳密な細分化や過去経験にこだわり，しかも治るまでに何年もの長い期間がかかります。そのためロジャーズは，今目の前で悩み苦しむ患者に対して，精神分析理論は冷たく非人間的だと批判して，"今，ここ"での出会い経験とクライエント（来談者）の自己成長を重視しました（江花，2021）。クライエントという呼び方にも，対象者の人格的成長，自己実現への期待がこめられています（畠瀬，1990）。ロジャーズ（1957）は，クライエントの治療的人格変化が成功するために，カウンセラーに必要十分な 3 つの態度条件を挙げました（表

表8-2　カウンセラーに必要十分な3つの態度条件

① 自己一致：カウンセラーがクライエントとの関係において一致し，統合されている。
② 無条件の肯定的配慮（または受容）：カウンセラーがクライエントに対して，無条件の積極的関心を経験している。
③ 共感的理解：カウンセラーがクライエントの内的照合枠（ものの見方）を共感的に理解し，その理解をクライエントに伝えようとしている。

（ロジャーズ，1957；保坂，1997；山田，2023より作成）

表8-3　カウンセラーが心がけるとよいこと

① 人間関係（ラポール）の形成：信頼関係を築くための人間関係（ラポール）を形成する。最初から話し易い雰囲気と信頼関係を作るよう心がける。
② クライエントが傷つきやすく，不安であることをしっかりと認識して面談する。
③ 自己一致：カウンセラーは，現在自分が感じていることをありのままに受け入れ，言動に反映させている必要がある。例えば，「ゆっくり話してくださいね」と言いながら「あと何分かかるかなあ」と時計をチラチラ見ていては，クライエントはその違和感に不安を覚えてしまう。もしクライエントの話を長いと感じるのならば，その旨を伝え，その理由を2人で考える方が，はるかによい結果を招く。
④ 無条件の肯定的配慮（または受容）：クライエントの考え方がカウンセラーとは異なることは，別個の人間である以上，むしろ当然である。そのユニークさに感心しながら受け止めるとよい。指導を生業にする教師にとっては，難しく感じるかもしれない。だが，自分が児童生徒の立場で相談するとしたら，「この先生の価値観と合致していなければ話を聴いてもらえない」と感じる場合に，教師に悩みを相談する気になれるだろうか。
⑤ 共感的理解：カウンセラーはクライエントのものの見方を"あたかも自分自身のものであるかのように感じ取り"つつ，それでいて"自身の感情や捉え方と区別しながら"クライエントの感情や捉え方を"理解する"ことが求められる。「私はあなたの話をこう感じながら聴きましたが，あなたはこのように感じているのですね」と伝えると，③と④とが矛盾なく両立して，クライエントの自立性が尊重される。
⑥ 「言わなくても分かってもらえるだろう」という過信は禁物：言葉や態度等，様々な方法で，クライエントを受容し，傾聴していることを伝え続ける努力が必要である。

（保坂，1997より作成）

8-2）。
　カウンセラーに必要十分な3つの態度条件を満たすためにカウンセラーが心がけるとよいことを表8-3に示します。
　カウンセラーとクライエントの共感的で受容的な人間関係性を軸に，クライエントが自分の自己治癒力を信じ，自己実現的に成長していく過程を相談者が支えていく点が，クライエント中心療法の大きな特徴です。

　以上，本節で紹介した心理療法の基礎理論を教育現場に取り入れることで日常のコミュニケーションのあり方を再考する機会をもたらします。心理学者レヴィンの言葉通り，「よき理論ほど実用的なものはない」（Lewin, 1951, p.169）のです。「生き生きとした子どもを育てる教育相談体制作り」の基盤となる心理療法の基礎理論を学び，教育現場で実践してください。

2. 予防・開発的教育相談を授業に生かす

　学校で行われる教育相談には，①開発的教育相談，②予防的教育相談，③問題解決的教育相談の3つの機能があります（日本学校教育相談学会刊行図書編集委員会，2006）。①開発的教育相談はすべての子どもを対象に，個性を生かし，社会性を身につけて自己実現できるように指導・支援する機能で，問題行動が生じる原因やきっかけを防ぐために重視されています。②予防的教育相談は，遅刻や欠席，服装の乱れ等のある，一部の気になる児童生徒を対象とし，早期発見・早期支援を目指しています。③問題解決的教育相談は，いじめ，不登校，非行など，

適応上の問題や心理面の問題などを持つ児童生徒に対する指導・支援です。

　ここでは①と②の予防・開発的教育相談に基づいて，安全・安心な心の「居場所づくり」について説明します。学級がすべての子どもの「心の居場所」になるには，教師は子どもが安心・安全に学べる授業を展開できるとよいです。「心の居場所」とは，「自己が大事にされている，認められている等の存在感が実感でき，かつ精神的な充実感の得られる」（文部科学省，2003，p. 17），「自己の存在感を実感し精神的に安心していられる場所」（文部省，1992，p. 18）です。「心の居場所」をつくるには，学校・学年・学級集団を対象とする開発的教育相談に基づく心理教育（psychoeducation）が効果的です。心理教育には構成的グループ・エンカウンターやアサーショントレーニング等があります。次節で各々の理論と具体的な実施方法を紹介します。

(1) 構成的グループ・エンカウンターの理論と技法

　構成的グループ・エンカウンター（Structured Group Encounter：以下 SGE）のエンカウンターとは「出会い」の意味で，心と心の本音のふれあいです（國分・片野，2001；國分・國分，2004）。課題も役割も設定しないベーシック・エンカウンター・グループ（非構成型）に対して，SGE はエクササイズ（集団を対象に設定した予防・開発的な心理教育的課題）を遂行し，シェアリング（気づいたこと，感じたことをグループ内で振り返ること）を重視します。本音で交流する活動で温かな人間関係を築き，自己理解と他者理解を進め，自己変容と自己成長を図ります。SGE 体験により，①本音を知り（自己覚知），②本音を表現し（自己開示），③本音を主張し（自己主張），④他者の本音を受け入れ（他者受容），⑤信頼感をもち，⑥他者とのかかわりをもつ（役割遂行）ことを学び取ります（國分，1981；國分・國分，2004）。

　エクササイズには通常のエクササイズ（ロングエクササイズ）とショートエクササイズの2種類があります。ショートエクササイズは3―10分（最長15分）で行うエクササイズで，朝の会や帰りの会，学級（ホームルーム）活動，授業，学校行事等，時間の長短によりロングエ

表8-4　エクササイズ「トラストウォーク」（信頼体験）

実施時期：学級開きの人間関係づくり　場所：屋内の広いスペース，屋外（校庭や公園）
ねらい　自分を他者にゆだねて信頼感を培う。視覚以外の感覚を意識し，自分の身体や周囲の環境に対して新たに気づく。所要時間：10―30分

〈インストラクションとエクササイズ〉
「ふだんあまり話したことがない人とペアをつくって下さい。」
「ペアができたらじゃんけんをして下さい。」
「これからすることを説明します。勝った人には目をつぶってもらいます。負けた人は目を開けたまま，相手を誘導します。安全に誘導して下さい。（　）分になったら交代します。2人ともしゃべらないでやります。」（誰か1人に前に出てもらう。）
「それではみんながやる前に，私が目をつぶる役をしてみます。誰か誘導の役をお願いします。」
「さあ，始めます。今から（　）分間，相手の人を安全に誘導して下さい。声を出さないで，無言でやってみましょう。」（時間が来たら）「では時間です。役割を交代して下さい。」（時間が来たら）「はい，時間です。」
〈介入〉　ふざけている児童生徒には注意する。うまく活動できないペアに話しかける。
〈シェアリング〉
「どうでしたか。お互いに目をつぶって感じたことや，誘導して気がついたことなどの感想を言い合いましょう。」（そのままペアで自然に感想を述べあう。）

　集団を導くファシリテーターは「このエクササイズで劣等感や罪障感をもつメンバーはいないか，とまず考える」（國分ら，1999，p. 27）ことが大事です。実施後は全員で振り返り，シェアリングします。うまく活動できなかった場合，参加者が傷つくこともあるため，教師は個人的な事情に配慮し，臨機応変に集団全体を観察し，集団全体をまとめて動かしながら，1人1人を観察する必要があります。この他にも，複数の SGE が提案されています（e.g., 國分・國分，2004；明里，2007）。

（國分ら，1999；國分・國分，2004 を参考に筆者作成）

クササイズと組みわせて活用できます（國分ら，1999；國分・國分，2004）。例えば「トラストウォーク」（表 8-4）は，実施できる時間や空間の広さに合わせて，ロングエクササイズかショートエクササイズにするかを決めます。

(2) アサーショントレーニング

　日常生活では，誰かと意見の行き違いが生じることがあります。相手を尊重しつつ，自分の意見や信念を率直に，適切な方法で表現することがアサーションであり，そのための対話の姿勢や技術の訓練がアサーショントレーニングです。アサーショントレーニングは 1950 年代に，人間関係や自己表現に悩む人のための行動療法として発展しました。その後，1960～70 年代のアメリカの人種差別撤廃運動や国際婦人年（1975 年）に始まるフェミニズムの隆盛から生まれた権利として，それまで差別を受けてきた黒人や女性など，弱者の自己表現手段として普及しました（平木，1993）。

　児童生徒間の対人関係は①非主張的（自信がなく他者の言いなり），②攻撃的（相手を否定した自己主張），③アサーティヴ（相手も自分も尊重）なものの 3 つに分類できます（平木，2012）。そして，基本的なアサーション権は，①誰からも尊重され，大切にしてもらう権利，②他人の期待に応えるかどうか等，自分の行動を決めて表現し，結果の責任をもつ権利，③誰でも過ちをし，責任を持つ「人間の権利」，④支払いに見合ったものを得る権利，⑤自己主張しない権利の 5 つです。学校での予防・開発的教育相談で実施する際は，この 5 つの権利を児童生徒が理解し，相手も自分も尊重するために大事なことは何かを理解できるよう心がけるとよいです（平木，1993）。

　具体的には次の DESC 法を用いて，自尊感情を高め，自分のよさを認識できるよう努めるのです（平木，2012）。DESC 法は英語の Describe（描写する：自分が取り上げる状況や問題，相手の言動などを描写する），Express（説明する：I（アイ）メッセージを使い，「わたしは～」と自分を主語にして気持ち，考え，意見などを「アサーティブ」に表現する），Specify（提案する：相手にとって欲しい行動やお願いをする），Choose（選択する：相手は「イエス」，「ノー」を選択できるアサーション権をもつ）の頭文字で，相手を不快にさせず自分の言いたいことを伝え，納得してもらう技法です。

3.「たすけて！」と言える教師
──バーンアウトに陥らないためのストレス・マネジメント

　最後に，教師自身のメンタルヘルスを健康に保つための心理教育「ストレス・マネジメント」を紹介します。「ストレス」は，もともとは工学用語で，生理学者のセリエ（Selye, H.）が医学・生理学に導入しました。セリエ（1956 杉ら訳 1974）はストレスを「あらゆる変化（刺激）に対し，生体が起こす非特異的反応（刺激の種類に関係なく起こる反応）」と説明しました。ストレスを与えるストレッサーには，気温や騒音などの環境・物理的な因子，長時間労働による過労や病気などの身体的因子，また自己の感情や人間関係上のトラブルなどを本人が解釈し，意味づけるために生ずる認知的因子があります。そして，同じストレッサーに対してもとらえ方に個人差があり，ストレス状況への対処や技法（コーピング）には，問題を明らかにし解決する問題焦点型と，問題から離れて気晴らしする情動焦点型の 2 通りがあります（Lazarus & Folkman, 1984 本明ら訳 1991）。

　ここで教師とストレスの関係に関する研究を紹介します。「どんなに辛くても自分さえ我慢すればよい」等，ストレスに対する非合理的な考え方（イラショナル・ビリーフ）（國分，1996）で仕事をこなそうとする教師や，他者に援助を求めづらいために自ら問題を抱え込んで

しまう教師（田村・石隈，2001）は，自信を失い，やる気が失せてしまう「バーンアウト」に陥りやすいのです（田村，2016）。まずは教師自身がストレスに対抗できるように「コーピング・スキル」を身につけ，周囲と協力してストレスフルな環境を改善し，自分の認知を調整して過度の負担を心身にためこまないように対処することが大切です（8章参照）。

　そのためには，①ストレスについての知識を習得するとともに，アサーション（前節参照）やリラクゼーション（1章「やってみよう」参照）の方法を身につけて②コーピング・スキルを習得し，③ストレスへの対処効力感（「自分は何とかやっていける」という自信）を持てるよう努力することが大事です。あわせて，④周囲と協力し，遠慮せずにリソース（社会的資源）を活用することも有効です。本書の各章で扱われた様々なトピックスを参考にして，日々のストレスにうまく対処するコツを身に付けましょう。

やってみよう

アイスブレイク　**喋らせた者勝ちゲーム**（用具：あれば消しゴム1個，時計）

　2組のペアで参加し，1組目は常に片方の人しか話してはいけないというルールで，3分間自由に話します。話者は目印として消しゴムを手に持つか，小さく手を挙げていてください。2組目は1人ずつ1組目の話者の付き人となり，それぞれ何秒話したかを計時し，メモします。この勝負は「相手に長く話させたほうが勝ち」です。役割を交換して実施した後，4人で①誰が一番話させ上手であったか，②その人はどういう戦略で相手に話させていたかをシェアリングします。

相談の基本的技法

　①「話す内容が思いつかない」という人もいるため，予め「子どもの頃の癖」「今週のマイブーム」「最近気になっていること」など，題目を設定したワークシートに記述してもらっておくとよいでしょう。②クライエント役（以下CI），カウンセラー役（以下Co）に分かれて，1つひとつの技法を交替で行い，都度印象を伝え合います。

　⑴ 受容：CIの話をCoは言葉を挟まずに傾聴します。その際，表情やうなずき，姿勢などの非言語的技能でCIを受容していることを示しましょう。

　⑵ 再述：CIの話に対しCoは「CIの用いた言葉のみ」使用して返答します。重要な点を繰り返したり，語尾のイントネーションを上げて質問型にしてみたりして，CIの話が促されるよう工夫しましょう。

　⑶ 明確化：CIは敢えて感情表現を抑えて話して下さい。CoはCIの言動を読み取り，CIが伏せている気持ちや感情を言い当ててみましょう。

　⑷ 支持：CIの意見をCoは自分の言葉で賛同してください。意見に同意できない場合は，CIの気持ちを挫かない表現を探してみましょう。

　⑸ 質問：CIの話の内容で不足している具体的情報を尋ねたり，CIが自分の言葉で気持ちをより詳しく説明するよう促したりしてみましょう。

（國分，1983を参考に筆者がアレンジ）

コラム 9 児童生徒理解を深めるための アセスメントと心理検査

大家まゆみ（東京女子大学教授）

　教育相談は，子どもの個性や能力に応じた援助が求められます。そのため，児童生徒をより深く理解するには，アセスメントが重要です。アセスメントとは「支援を求めている対象が，これからどうしたいと思っているのか（主訴），対象の特性がどのように主訴に関わっているのかを様々な情報をもとに総合的・多面的に判断し，見たてること」（国立特別支援教育総合研究所 HP より引用）です。

　教育現場や相談場面でよく利用されるアセスメントは，心理検査です。心理検査には①知能検査，②パーソナリティ検査，③適性検査の 3 つがあります。まず

表1　心理検査の種類と作成者，検査対象年齢と内容

① 知能検査		
心理検査名	作成者	検査対象年齢と内容
WISC-V	ウェクスラー	5 歳 0 か月〜16 歳。言語理解，知覚推理，ワーキングメモリ，処理速度の 4 指標を測定する 10 の基本検査（言葉や積み木，絵，空間）。
田中ビネー知能検査V	ビネー 田中寛一	2 歳〜13 歳は，精神年齢（MA）と知能指数（IQ）を，14 歳以上は総合 DIQ（知能偏差指数）と領域別 DIQ（結晶性領域，流動性領域，記憶領域，論理推理領域）を算出する。
KABC-Ⅱ	カウフマン／カウフマン	2 歳 6 か月〜18 歳 11 か月。認知尺度（継次処理，同時処理，計画能力，学習能力）と習得尺度（学校での学習成果：語彙，読み，書き，算数）を測定する。
② パーソナリティ検査		
質問紙法	矢田部ギルフォード（Y-G）性格検査	ギルフォード／矢田部達郎	12 の性格特性（抑うつ性，気分の変化，劣等感，神経質，客観的，協調性，攻撃性，活動的，のんきさ，思考的内向，支配性，社会的内向），計120 問の質問項目から成る。三件法で回答。結果をプロフィールで表示し，類型論的に A 型（平均的），B 型（不安的不適応積極型），C 型（安定適応消極型），D 型（安定適応積極型），E 型（不安定不適応消極型）の 5 種類に分類。
	ミネソタ多面人格目録（MMPI）	ハサウェイ／マッキンレー	臨床尺度（心気症，抑うつ，ヒステリー，男性性・女性性，社会的内向性など10 尺度），妥当性尺度（疑問，虚構など 4 尺度），追加尺度の 3 尺度，計 550 問の質問項目から成る。二件法で回答。
投影法	文章完成法（SCT）	エビングハウス	未完成の文章（例：私の知りたいこと＿＿＿＿）を提示し，続きを自由に書いて文章を完成する。
	PF スタディ	ローゼンツヴァイク	絵画欲求不満テスト。刺激図（自我阻碍場面・超自我阻碍場面）の欲求不満状況への反応のタイプから，その性格傾向を把握する。攻撃性の方向（他責・自責・無責）と攻撃型（障害優位型・自我防衛型・欲求固執型）を組み合わせて結果を分析。
描画法	バウムテスト	コッホ	樹木画テスト。A4 の白紙に「実のなる木」を描く。描かれた木の特徴から描き手が無意識に抱いている自己やパーソナリティを把握する。
作業検査法	内田クレペリン精神作業検査	クレペリン／内田勇三郎	簡単な一桁の足し算を 1 分毎に行を変えて行う。1 分間の休憩をはさみ，前半と後半の各 15 分間ずつ計 30 分間行う。全体の計算量（作業量），1 分毎の計算量の変化（作業曲線）と誤答から，能力と性格や行動の特徴を総合的に測定する。

①知能検査は，主に学習指導や就学指導，障害の認定等に使われます。次に，②パーソナリティ検査は，質問や図版等の刺激を提示し，刺激に対する答えや態度を分析して治療や支援に利用します。③適性検査はどのような学校が合っているか，例えばスポーツ系，芸術系，理数系，国際系などの就学・どのような職業が向いているか，例えば接客や機械工，農業，服飾系などの就業の進路適性を測ります。

　心理検査は医療機関など学校外の専門機関で実施されており，児童生徒の保護者が検査結果を学校に持参し，教師が児童生徒の指導に役立てる事例が増えています（7章参照）。ここでは①知能検査と②パーソナリティ検査を紹介します（表1）。特に知能検査は就学相談や特別支援学級，通級指導教室等の判断に用いられることが多いです。教員を目指す人はよく理解しておくとよいでしょう（6，7章参照）。

スクールカウンセラーと スクールソーシャルワーカーの仕事 ―学校と地域の連携

　学校では常勤の教職員以外に，様々な外部の専門家が活動しています。教育相談の専門家は，スクールカウンセラーとスクールソーシャルワーカーです。健康を管理する学校医や学校歯科医等も含め，学校内の教育相談体制を構築することが大切です。そして学校の中だけではなく，家庭，地域と連携し，一体的に実施していく必要があります。本章では，学校，家庭，地域が連携した教育相談体制の現状と課題，および目標を考えます。

1. 学校を支える心理と福祉の専門家―スクールカウンセラー （SC）とスクールソーシャルワーカー（SSW）

　文部省（当時）は1995（平成7）年に，「スクールカウンセラー活用調査研究委託事業」を全国的に展開したため，この年はスクールカウンセラー元年と呼ばれています。いじめや不登校に対応するために，文部省は学校にスクールカウンセラー（以下SC）を導入しました。2001年度からは「スクールカウンセラー活用事業」として制度化され，2008年には少年非行の低年齢化や児童虐待の深刻化をふまえ，全ての公立中学校にSCが派遣されることになり，新たに小学校と高校にもSCが導入されました（1章1節も参照）。

　スクールソーシャルワーク（school social work）の始まりは，19世紀初頭のアメリカで，労働に従事するため学校に通えない移民や貧困の子どもを対象にした訪問教育です（山野・野田・半羽，2016）。貧困地域に移住して教育や医療面から住民を支援するセツルメントワーカーが，子どもを学校につなぐ支援を始めました。日本では文部科学省が2008年に「スクールソーシャルワーカー活用事業」を開始しました。2017（平成29）年1月には，文部科学省が「次世代の学校・地域」創生プランを策定し，「教員が，多様な専門性や経験を持った人材と協力して子供に指導できるようにするとともに，スクールカウンセラーやスクールソーシャルワーカーの職務等を省令上明確化し，配置を充実する」ことが明記されました。いじめや貧困対策としてSCとスクールソーシャルワーカー（以下SSW）の配置が急速に進んでいます。

　SCは高度な専門的知見をもつ心理の専門家で，公認心理師や臨床心理士，精神科医及び児童生徒の心理に関して高度に専門的な知識及び経験を有する者です。他方SSWは児童生徒の最善の利益を保障するために，ソーシャルワークの価値・知識・技術を基盤とする福祉の専門家で，社会福祉士や精神保健福祉士等及び福祉や教育の分野において専門的な知識及び経験を有する者です。2017年には学校教育法施行規則の一部を改正する省令の施行により，SCとSSWの職務が規定されました。SCとSSWは校長の指揮監督の下，不登校，いじめや暴力行為等の問題行動，子どもの貧困，児童虐待等の未然防止，早期発見，支援・対応等を，教職員と連携して行うことが明記されました。以下，各々の職務を紹介していきます。

(1) スクールカウンセラーの職務

　SCは，心理に関する高度な専門的知見に基づいて，不登校，いじめや暴力行為等の問題行動，子どもの貧困，児童虐待等の未然防止，早期発見，困っている子ども，障害のある子どもと保護者への支援について助言・援助します。そして，児童生徒，保護者，教職員に対して，

カウンセリング，情報収集・見立て（アセスメント）や助言・援助（コンサルテーション）を行います。さらに心理学的側面から学校アセスメントを行い，様々なニーズを把握し，学校コミュニティを支援します。

　文部科学省は SC を活用し，不登校，いじめ等の未然防止，早期発見及び支援・対応をするための具体案を，以下のようにまとめています（文部科学省，2017，pp. 6-9）。

　（ア）児童生徒及び保護者からの相談対応

　　日常の様子から心配な児童生徒を発見した場合や，学習や対人関係，家庭の問題等で悩みや不安が生じた児童生徒の面談を行います。

　（イ）学級や学校集団に対する援助

　　学校では授業観察や学校行事への参加，休憩時間や給食時間に児童生徒と一緒に過ごす（給食を一緒に食べる）活動と集団の調査法を活用し，個々の児童生徒，児童生徒間の関係，集団の状態をアセスメントし，教職員や学校に助言・援助を行います。

　（ウ）教職員や組織に対するコンサルテーション

　　スクリーニング会議やケース会議等に出席し，カウンセリング等から得た情報の報告及び心理的視点からの助言・援助を行います。また，日常的に児童生徒と接する教職員がカウンセリングに関する知識を習得し心理面の問題に対処できるよう，教職員に対して基礎的なカウンセリングに関する研修を行います。

　（エ）児童生徒への理解，児童生徒の心の教育，児童生徒及び保護者に対する啓発活動

　　年度当初に全児童生徒への面談を行い，利用方法を周知します。

　「全員面接」は，学校段階が変わる小中接続期と高校入学時に行うと効果的です。文部科学省が毎年実施している「児童生徒の問題行動等調査」の結果から，小学校 5 年生，中学校 1 年生，高校 1 年生で，いじめの認知件数が増加しています（文部科学省，2022b）。小学校では高学年に進級した時期，中学校・高等学校では入学時に全員面接を行うと，子どもが安心感をもてます。そのため，東京都は全ての公立学校に SC を派遣し，かつ SC による全員面接を実施しています。都派遣 SC は 1 校 1 名で，年間 38 回です。東京都で対象学年（小 5，中 1，高 1）のみで全員面接を実施している学校は 89.2%，対象学年以外でも実施している学校は 10.8% です（東京都教育委員会，2020）。

(2) スクールソーシャルワーカーの職務――「つなぐ」

　1989（平成元）年に国連が採択した「子どもの権利条約」は，「子どもの最善の利益」を定めています。この子どもの利益を保障するため，SSW は子どもを中心に学校，地域，家庭，関係機関をつなぐ役割を果たします（図 9-1）。学校だけでは解決できないとき，福祉や警察など地域の関係機関と連携するため，SSW が力を発揮します。アセスメントや，専門家が複合的な視点から解決策を立案し，役割分担を決めます。

　SSW が「つなぐ」体制として，東京都公立学校を支援する「学校サポートチーム」を紹介します。東京都は全ての公立学校に「学校サポートチーム」を設置しています。学校サポートチームは「児童・生徒の問題行動等の未然防止，早期解決を図るため，学校，家庭，地域，関係機関が一体となって取り組む，校務分掌に位置付けた組織」（東京都教育庁指導部，2021）で，いじめ防止対策推進法第 22 条に基づく「学校いじめ対策委員会」の支援も行います。チームのメンバーは，校長・副校長・教員，PTA 会長，福祉部署職員，児童家庭支援センター職員（3 節参照），警察職員，民生・児童委員，保護司等，そして SSW から成ります。

図9-1 「つなぐ」

（杉並区教育委員会済美教育センター，2022）

(3) スクールカウンセラーとスクールソーシャルワーカーによる学校や教職員への支援

　SC および SSW は，学校内のスクリーニング会議やケース会議等に出席します。そして，カウンセリング等から得た情報の報告と，心理や福祉の観点から助言・援助を行います。学校内で児童生徒と接する機会が最も多いのは，学級担任です。教員が心の問題に対応できるよう，学級担任に対し，個々の児童生徒の状態に応じた適切な支援に関する助言・援助を行います。さらに「児童生徒や保護者に対し，学校だよりや各学校のホームページ等を通じ，SC 及び SSW による支援を実施している旨を定期的に周知すること」が重要です。

2. アセスメントと教育委員会，学校，関係機関　　—学校と地域をつなぐ

　教育委員会は，自治体の対応方針，相談窓口，関係機関，国や自治体の各種支援制度などに関する情報を SC および SSW に提供します。学校の教職員の SC や SSW の専門的職務に関する理解と活用が進むと，教職員がカウンセリングマインドで児童生徒に接し，心理学理論に基づくカウンセリング技法を習得し，関係機関と連携する体制が整うと，学校における支援に更なる専門性が加わり，教員が一人で問題を抱え込んでしまうことの防止にもつながります（1章参照）。

(1) 特別支援学級，通級教室，特別支援教室とアセスメント

　公立の小中学校には，知的障害や自閉症・情緒障害などの特別支援学級の「固定級」を設置している学校があります。また，「通級による指導」を行う「難聴指導学級」や「言語障害指導学級」など通級教室もあります。さらに，発達障害のある子どもが他校に移動して通級指導を受ける負担を減らすため，東京都は 2021 年までに全ての公立小中学校に「特別支援教室」を設置しました（図9-2）。発達障害教育を担当する教員が各学校を巡回するため，特別の指導を在籍校で受けられます（6 章参照）。入室判定（アセスメント）は発達検査（心理検査：WISC-V 等）の数値と在籍校の意見，出席状況により総合的に行います。不登校の子どもが通う別室登校の代わりとしては利用できません。なお，特別支援学級を対象に作成した学習指導要領はないため，教員が授業の目標や内容を選び，決めていきます。

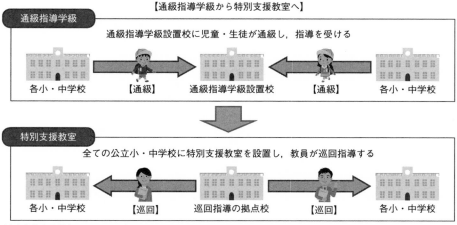

図 9-2　通級指導学級から特別支援教室へ

（東京都教育委員会，2021，p.14）

(2) 地域への働きかけと課題

　しかし実際には，学校と地域の連携はまだ不十分です。文部科学省（2022a）の調査では，「専門家（特別支援学校，巡回相談員，福祉・保健等の関係機関，医師，スクールカウンセラー（SC），作業療法士（OT）など）に学校として，意見を聞いているか」という設問に対して，「定期的に聞いている」との回答が 14.8％（高等学校は 9.9％）でした。福祉機関等の外部機関との連携を実施している学校はあるものの，まだ十分とは言えません。

(3) 養護教諭，教育相談コーディネーター，特別支援教育コーディネーターとの連携と課題

　文部科学省（2022a）の調査では，学習面又は行動面で著しい困難を示す児童生徒について，校内委員会で検討されておらず，学校全体で支援に取り組めていない状況が見受けられました。養護教諭，教育相談コーディネーター，特別支援教育コーディネーターを核として，全教職員で特別な教育的支援を必要としている児童生徒に対して必要な支援がなされるよう，校内支援体制の構築と充実を図り，支えるための仕組みづくりが重要です。

(4) 集団守秘義務と説明責任

　チーム支援では，子どもや保護者の個人情報をチームのメンバーで共有し，集団で外部に漏らさないようにする「集団守秘義務」が重要です（小林，2021）。参加するメンバーは個人情報を含め，チーム支援において知り得た情報を集団として守秘します。関係機関と情報を共有するときは，本人や保護者の了解を得ることが原則ですが，実際にはうまくいかないことがあります。しかし，家庭や子どもの情報を外部の専門家や機関に共有しなければ，単に「つなぐ」にとどまり，家庭や子どもの置かれている状況の背景にある根深い問題の解決や，事態の進展に至らないまま関係性が切れてしまうこともあります。集団守秘義務を原則としつつ，事態の打開や進展のために情報を共有するのは，子どもと家庭の課題を解決する上で難しい課題です。

　他方，学校や教職員は保護者や地域社会に対する説明責任があります。保護者から請求があった場合には，情報公開請求に応えることも求められます。特に，当該児童生徒の保護者の知る権利への配慮が大切です（『生徒指導提要』（改訂版），p.28）。

3. 学校と外部の専門機関の連携

　文部科学省（2017）は外部の専門機関を福祉，保健医療，刑事司法，教育，団体，教育委員会内に区分しています（表9-1）。学校と特に関係の深い教育と福祉，そして刑事司法について，以下，解説します。

表 9-1　学校以外の相談機関

分野	主な機関名
福祉	児童相談所，福祉事務所，自立相談支援機関，要保護児童対策地域協議会の所管部署，児童家庭支援センター，民生委員・児童委員，社会福祉協議会，放課後児童クラブ，児童館，保育所，児童福祉サービス事業所（放課後等デイサービス等），発達障害支援センター等
保健医療	保健センター，保健所，精神保健福祉センター，病院
刑事司法	警察署（生活安全課等），少年サポートセンター，家庭裁判所，少年院，少年鑑別所，保護観察所，日本司法支援センター（法テラス），スクールサポーター，保護司，少年警察ボランティア
教育	教育支援センター（適応指導教室），教育相談室，民間教育団体，民間教育施設，転出入元・先の学校，幼稚園
団体	臨床心理士会，社会福祉士会，精神保健福祉士協会，弁護士会
教育委員会内	家庭教育支援チーム（支援員），土曜学校など学習支援，地域学校協働本部の地域コーディネーター，学校ボランティア，近隣の小・中学校・特別支援学校等

（文部科学省，2017，p.46を一部改変）

(1) 教育―教育支援センター（適応指導教室）

　ここでは，本章第二著者の高際が所属している済美教育センター（図9-1）の業務を紹介します。同センターの建物や設備を管轄しているのは，東京都杉並区教育委員会です。

　教育相談　　区内の小中学生の悩みや心配事などについて，保護者，本人および関係者の相談を受けます。教育・心理の専門相談員が応対します。教育相談は①来所相談と②電話教育相談の2通りです。①来所相談は電話で予約して，保護者の相談とカウンセリング，子どものカウンセリングや心理療法を行います。②電話教育相談は，電話で不登校，いじめ等の子どもの教育に関する相談を行います。電話教育相談は匿名で相談できます。

　適応指導教室　　同センター内には，適応指導教室「さざんかステップアップ教室」があります。不登校状態にある区内の小中学生を対象に，学習や体験活動など小集団活動を通して，自ら学ぶ力や社会性を育み，将来への社会的自立等につながるよう支援する教室です。主な取り組みは，①児童生徒の希望に応じた個別での学習支援や，心理士による心理相談，②軽スポーツや課外活動等のさまざまな体験活動，③主な行事は遠足，社会体験，自然体験，スポーツフェスティバル，調理活動，音楽鑑賞会等です。

　国際理解　　海外から来日して間もない子どもの日本語指導を行うもので「日本語とりだし指導」といいます。来日後は原則として，日本語を80時間まで指導します。子どもの状況によって，120時間まで延長できます。日本語指導には，退職した元教員が非常勤で当たる事例が多いです。指導者1人につき区内の5校以上を担当し，日本語指導を受け持つ場合もあります。区立小中学校で例年50人〜80人が日本語指導を受けています。

(2) 福　　祉

　児童相談所　　児童福祉法に基づいて都道府県と指定都市等に設置されています。18歳未満の子どもの相談や通告に関する本人・家族・学校の先生・地域の方々など，誰からの相談で

も受け付けます。児童福祉司・心理職・医師・保健師等が，養護相談・保健相談・障害相談・非行相談・子どものしつけや性格・行動に関する育成相談等にあたります。

　特に虐待の場合，通告等があっても，保護者等が協力的ではないことが多いので，判断や対応を誤ると死亡等の重大な事態につながります。そのため，子どもの最善の利益のために子どもの安全確認を最優先します。そして，子どもの保護・施設入所に関する手続きや，警察からの通告による通所の勧告を行います。

　福祉事務所（次世代支援員）　次世代支援員が不登校の予防，学習支援，進路選択の支援を行います。次世代支援員とは，生活保護を受けている家庭の子どもが，成人してまた生活保護を受けるという悪循環を断ち切るための支援です（政府広報オンライン，2023）。次世代支援員は子ども担当で，保護者担当とは別に配置されます。そのため，保護者担当と次世代支援員の連携が必要です。なお，学校と連携せずに支援を進める場合もあります。

(3) 刑事司法

　少年の場合，非行の未然防止と予防が主な連携業務です。少年の説諭，少年を保護した上で児童相談所への通告，学校や地域での非行防止のための講演，地域の繁華街等のパトロール等を行います。暴力（校内，家庭内）の場合は，学校から警察への事前の情報提供が可能です。警察職員は学校の生活指導主任会や所轄の学校による関係機関連絡会に出席します。

4. さあ，つなごう！

　まずは教育相談／特別支援教育コーディネーターを中心に，子ども，保護者，学級担任がどのくらい困っているか（困り度）をアセスメントします。そして，校内委員会や学年会（担任・副担任等から成る学年集団）で共有し，どことつなぐとよいかを検討します。SCやSSW，各学校を巡回する教員に専門的な意見を聞くのも有効です。その後，管理職の了解を得て窓口に相談するか，あるいは書類を作成して送付します。

(1) 保護者との信頼関係を築くために

　保護者と信頼関係を築くには，次の5つの基本姿勢で接するよう心がけましょう。

> **【基本姿勢1】** 保護者の話に傾聴，同感，共感する：しっかりとこれまでのことを聞いてあげつつ，「わかります」「そうなのですね」と共感的理解を心がけます。
> **【基本姿勢2】** これまで何年も子育てをしてきた保護者に対し，「お母さま，ご苦労されましたね。」とねぎらいの言葉をかけます。
> **【基本姿勢3】** 保護者の努力を認め，「〇〇さん，こんないいところがあって，感心しています。お母さまのおかげですね。」とストレングス視点で子どもの強みをほめます。
> **【基本姿勢4】** 学校教育への理解を促す言葉を活用します。例）「学校はテストの点数のみが大事なのではなく，『社会で必要な力』を育て，『生活技術』を高め，自立させる場所です。」

　基本姿勢4の「社会で必要な力」，「生活技術」とは，障壁を越える力，助け合う心，相手の心を想像し，思いやる力，マナー，社会の法を守る意識，自信（自尊感情）など，社会で生き抜くための力，相互互恵的な思いやりの心です。

　しかし，学校が誠心誠意，保護者に働きかけようとしても，中には先入観にとらわれている保護者もいます。子どもが他の児童生徒や学級から隔離される，障害のある子ども，学級にい

たら迷惑な子どもとラベリングされてしまうと不安を感じている保護者に対して，学校と教師はどのように言葉がけをしたらよいでしょうか。

【基本姿勢5】 ラベリングが目的ではなく，子どもの自立が目標であることを明確に伝えます。
例）「この子のチャンスを広げておきましょう。○○を使わないともったいないですよ」，「自分には必要ないと感じたら，いつでもやめていいのです。でも，いつでも利用できる場所は確保しておきませんか」，「みんな違った学びの方法があるはずです。私も（担任も）一緒に探してあげたいのです。そのためにも専門的なアドバイスをもらえる機会があるといいですね」

---

(2)「助けて！」と言えるマインド，「助けて！」を聞き取れる教師のカウンセリングマインド

子どもや保護者が「助けて！」と言えて，そして教師は「助けて！」を聞き取れるカウンセリングマインドで子どもや保護者に接する学校を目指し，困っている子ども・保護者・教師と社会をつないで支えるのがSCやSSWの仕事です。ぜひ，子どもや保護者の「助けて」を引き出し，聞き取れるカウンセリングマインドを身につけましょう。

やってみよう

子ども自身のニーズと保護者のニーズを把握するために，ロールプレイをしてみましょう。

■ 課　題
3人（以上で）1組のグループになり，教師役・保護者役（複数可）・記録係（複数可）を決めて下さい。そして，教師役が「授業に集中するのが難しいようです。一度，スクールカウンセラーに相談しませんか？」と保護者に聞いて下さい。保護者役が答えたら，教師役は続けてやり取りをして下さい。記録係はいざという時は仲裁役になって下さい。
例えば，教員は困っていても，子どもと保護者は困っていない場合があります。理由として「保護者には，他人に弱みを見せたくないという見栄がある」，「生徒本人に，周囲に知られたくない，自分は十分にやっているという見栄がある」，「小学校で困っていない」「親子関係がうまくいっていない」，「成育歴の中で家族との離別や虐待などがある・ない・わからない」等が考えられます。

88

コラム10　ワルシャワ日本人学校の教育

出口さくら（元ワルシャワ日本人学校教諭）

　コラム3でも述べたとおり，私は2019年の4月から2022年の3月までの3年間，文部科学省の在外教育施設派遣教員として，ポーランドの在ポーランド日本国大使館付属ワルシャワ日本人学校に勤務しておりました。

　採用初任校は東京都小平市で，期限付採用を含め5年間勤めた後，現任校のある東京都杉並区に異動となりました。そこで異動1年目に担当した学級が，幼少期に海外在住経験のある児童（インターナショナルスクール，日本人学校，海外にルーツをもつなど）が半数以上を占める珍しい学級で，とても大変だったのです。学級での不適応や問題行動も多く，初めて経験することばかりで，苦労が絶えない一年でした。その中で，日本人が海外で受ける教育に興味をもち，文部科学省の在外教育施設派遣教員の選考を受けることにしました[1]。もともと在外派遣制度の存在は知っていましたが，自分には遠い存在のように感じていました。それが，この学級を受け持ち，さらには前任校や現任校の同僚に在外派遣経験者がいたことも後押しとなったのです。

　さて，私が勤務していたポーランドのワルシャワ日本人学校は，幼小中一貫のポーランド唯一の日本人学校として，日本の学習指導要領に基づき，日本国内と同等の教育が受けられるように教育活動を行っている学校です。当時は児童生徒合わせて10名程度，職員も通訳兼事務職員など合わせて10名程度という小規模な学校でした。したがって学級編成は幼稚部1クラス，小学部が低・中・高の3クラス，中学部が1クラスとなっており，教科担当制（教員が一つの教科を担当し，複数の学年にわたって担当教科を指導する）を採用していました。

　このような指導のあり方の利点は，担当教科の専門性が高まること，担当学級以外の様々な学年の児童生徒と関わりがもてること，少人数であるおかげで一人一人の学習状況に応じた指導を計画・展開していけることなどでした。また，中学受験や高校受験を契機に，日本に本帰国する児童生徒の受験勉強をサポートする塾がありません。そのため，日本人学校が一人一人に合わせた受験勉強のサポートする役割も担っていました。

　しかし，良い点ばかりではありません。児童生徒の数が極端に少ないワルシャワ日本人学校は，校内だけでは日本国内の学校で行われている運動会や学習発表

---

1) 日本人学校や補習授業校など在外教育施設に派遣される教員は，教育公務員特例法第22条第3項に基づく長期の研修出張扱いとなる。派遣期間は原則2年。

会などの大きな行事を行う事は難しかったです。大きな行事を行う場合は，日本人会（日本人学校の設立母体であり，ポーランド在住の日本人で構成された組織）や現地校の児童生徒と共同で開催するなど，日本国内と同等の規模や内容で行うことができるように尽力しました。

　学習においても，グループワークや意見交流は人数の関係からも非常に難しいため，異学年交流を積極的に活用したり，自分が派遣前に担当していた学校での学びの記録を活用したりするなどして補っていました。

　また，文部科学省から派遣されている教員は，日本各地からの派遣のため，元々の所属自治体や校種・経験年数等が必ずしも一致せず，それぞれの経験や行ってきた教育内容の微妙な違いを修正する作業が必要となりました。日本国内の学校ならば多少なりともある学校の伝統や文化といった共通言語がないため，教員間の連携を素早く構築していくことが必要不可欠だったのです。加えて，当時はコロナ禍真っ只中ということもあり，派遣2年目から3年目の一部は，完全休校となり，オンライン授業を余儀なくされることにもなりました。

　そうした中で働くことによって，児童や保護者，職員にも様々な背景や状況があることを知り，また，一人一人の考え方や思いの多様性を強く感じ，大きな学びとなる3年間となりました。それを少人数という枠組みの中でじっくり，丁寧に研究，対応していくことで，一人一人に寄り添い，児童生徒理解に努め，職員一同組織として連携して教育活動を行っていく大切さを改めて実感したのです。

　現在，派遣前の杉並区の公立学校に帰国して2年目となりますが，「令和の日本型学校教育」に思いを馳せると，全ての子どもたちの可能性を引き出す，個別最適な学びと，協働的な学びの実現に欠かすことのできない大切な事をワルシャワ日本人学校で学ぶことができたと感じています。派遣前と比べても，児童や保護者からの多岐にわたる教育相談に対応することも，自信をもって行えるようになってきていると実感しています。

The Japanese School in Warsaw

10章 仲間関係を深める学級構造と 学級集団づくり

　子どもは，平日の大半を学校で過ごすことから，特に学級はその子どもの心理的な安全，安心に大きく影響すると言えます（1章参照）。学級は児童・生徒から構成されますが，その学級をどのように作り，維持するかは学校や教師に任されています。そこで，本章では子どもの仲間関係や学級集団構造に着目し，その見立てを踏まえた学級集団づくりについて説明したいと思います。

1. 現代の仲間関係の様相

　児童期・思春期の子どもにとって，同年代の仲間の存在やその関係性は，心身の発達に大きく影響することがこれまでの心理学をはじめとする諸科学の知見から明らかになっています。例えば，小学校高学年前後から，それまでの親をはじめとする養育者の価値観に代わり，仲間やその集団の価値観に強く影響を受けることが言われてきました。そこには，身体的な成熟（第二次性徴）による不安を理解し共有できる存在が安心をもたらすことや，自己概念の発達に伴い，親をはじめとする大人の価値観の押しつけに疑問を抱き，自律を主張することに共感できる存在が心理的な成熟に必要であることから，これらを満たす同年代の仲間の存在が重要視されてきました。

　しかし，その仲間関係が心身の発達に大きく影響するがゆえに，子どもにとっての仲間関係がどうあるかが児童期・思春期においては大きな課題となり，もし，良好な仲間関係を維持できなければ，それは，学校・学級での適応上の問題だけでなく，学力にも大きく影響します。いじめや不登校はその多くが仲間関係に起因するものであり，学校・学級内での仲間からの孤立をはじめとした社会的排除がもたらす結果であると言えるでしょう。

　もちろん，子どもは子どもなりに1日の大半を過ごす学校で自分なりの適応を図るために，仲間との関わりを持とうとします。例えば，学級内で拒絶される不安を持っていれば，孤立しないよう，周囲の子どもに同調するかもしれませんし，逆に立場的に優位に立とうとして周囲の子どもに攻撃的に関わるかもしれません。

　大嶽（2007）は，「無理にでも友だちを作り，一緒にいなくてはいけない」と考える規範意識の存在を指摘し，これを「ひとりぼっち回避規範」と呼びました。これは，学級の中に1人でいることは先生や仲間から不適応な存在として見られると認識しているため，1人でいてはいけないという個人内規範を意味します。この規範意識の高い子は，学校生活において1人で行動することを恐れ，特に進学・進級などの環境移行期においては一緒に過ごせそうな仲間集団を活発に探索し，所属する仲間集団を決めようとする傾向があることがわかっています（大嶽ら，2006）。

　また，社会学者の土井（2008）は，現代の仲間関係の特徴を「優しい関係」と表し，これは，不快な思いをさせない，不快な思いをしないように互いに細心の注意を払う関係を意味しており，現代の子どもの友人関係には，こうした配慮が強く窺えることを指摘しています。そうした意味で，現代の仲間関係は，「気の置けない」関係ではなく，「気を置く」関係であると述べています。また，私たちはそもそも違う存在であるがゆえに，この優しい関係内に対立点が生

まれるとし，この対立を回避するための手段として，仲間関係の外の子どもや，空気を読まない子どもへ目が向けられ，いじめを行うと考えました。

　こうした仲間関係が作られる背景としては，社会の変化が少なからず影響しています。21世紀に入り，子どもはデジタルネイティブ世代と呼ばれるように，生まれたときには既にスマホやタブレットが使え，物理的に離れた人とネットでの交流が日常となっています。それに伴い，1日の生活の文脈も包括的なものから限定的・選択的なものに変化し，私たちはそれぞれの文脈の中で様々な役割を担っています。また，キャラと言われるように，特定の集団における自分の振る舞い方があります。例えば，甘えキャラであれば，その集団内の他者に対して依存的な存在として振る舞うことを志向し，また集団からも求められるというものです。

　これに関して，社会学者の浅野（2006）は，「親密性」の変容の原因を，親密な関係が取り結ばれる場の変化に求めています。親密な関係と言えば，昔は家族や夫婦をはじめ，ご近所さんというように，地域も限定的であったことから仲間関係も生活の広範な文脈を共有する意味で包括的な関係の場に限られており，人々はこうした関係性からは離脱することが困難であったことを指摘しました。それゆえ，各人が一貫した同一性をもつことが要求され，関係の「深さ」の図式が自然なものとされていましたが，現代はそれが徐々に解体し，それに代わり，ネット仲間に代表されるように，参入・離脱が比較的容易な関係において，生活の文脈を限定的・選択的にのみ共有するような親密性が生まれてきたと述べています。

2. 仲間集団の排他性

　児童期・思春期の子どもが作る仲間集団には，発達的な変化があるとされてきました。黒沢（2002）は，発達段階に伴い，仲間関係を①ギャング・グループ，②チャム・グループ，③ピア・グループの3つに分けてその特徴を記述しました。まず，①ギャング・グループは，小学校中学年からの男子に多く見られる仲間集団であり，ゲームなど外面的な同一行動による一体感が重視されるため，遊びが共有できない者は仲間から外されるという傾向があります。次に，②チャム・グループですが，これは思春期前半の中学生，特に女子によく見られる仲間集団であり，日記やLINEなどの交流を通して互いの類似性を言葉で確かめ合い，仲間うちで通用する言葉を作り，通じない者を疎外する傾向があります。そして，③ピア・グループですが，思春期後半の高校生くらいから見られ始める仲間集団であり，内・外面とも異質性を認め，自立した個人として尊重しあうことを特徴としています。この分類に立つと，ピア・グループは成熟した仲間関係と言えますが，先に述べた社会の変化とそれに伴う孤立への不安も相まって，現代はこうした仲間関係を作ることが困難になっていると言えるでしょう。そのため，生活の基盤である学級集団が不安定であると，安心を求め仲間関係が閉じてしまうことが，これまでの研究でわかってきました。

　有倉（2012）は，中学生・高校生の仲間集団の排他性に着目し，排他性欲求と排他性規範という視点から，閉じた仲間関係の問題に切り込みました。排他性欲求とは，同じ仲間集団の子が，他の仲間集団の子と関わってほしくないという気持ちを意味しています。これに対して，排他性規範は，同じ仲間集団の中で暗に受け入れられている決まりごとにおける認識を意味しています。中学生を対象にした調査の結果，排他性欲求，排他性規範ともに男子よりも女子の方が強いことがわかりました。これは，黒沢（2002）の指摘するチャム・グループにあたり，女子の方がそうした仲間集団を作りやすいことを意味しています。また，排他性欲求が強い子は，弱い子より，学級集団への適応感が低いことがわかりました。これは学級集団がその子にとって心理的に安全でない場合に，自分の身を守ろうとして仲間集団に閉じようとする排他的傾向を志向するためと言えるでしょう。このことは学級集団レベルでも明らかになっており，

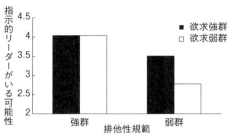

図 10-1　指示的リーダーがいる可能性
　　　　　に及ぼす排他性の効果

（中学生女子；有倉，2012 より作成）

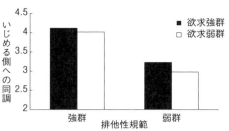

図 10-2　いじめる側への同調に及ぼす
　　　　　排他性の効果

（中学生女子；有倉，2012 より作成）

　河村（2012）は，学級集団の状態を発達的にとらえ，未成熟な段階から順に，①混沌・緊張期，②小集団形成期，③中集団形成期，④全体集団成立期，⑤自治的集団成立期の 5 つをあげています。このうち，①身近な者同士でつながっているだけである混沌・緊張期や，②学級の中にいくつかの仲間集団がありその中だけで独自の行動をとっている小集団形成期は，学級集団への所属意識が低い段階として位置づけられるとしています。

　さて，有倉（2012）に戻りますと，排他性規範が強いと認知している子および，排他性規範は低いが排他性欲求が強い子は，自分の所属する仲間集団内に指示的なリーダーがいる可能性を高く見積もっています（図 10-1）。これは，集団思考（Groupthink；Janis, 1972）を引き起こすような凝集性の高い集団に指示的なリーダー（新興宗教の教祖や独裁的な政治家など）がいるというグループダイナミックスの知見と一致しています。また，排他性規範が強いと認知している子は弱いと認知している子よりも所属集団内でいじめが起こりやすいと考えており，また，いじめが起こった場合にいじめる側に同調しやすいこと（図 10-2）を明らかにしています。

　このような知見から，思春期の仲間集団，特に女子の仲間集団においては，学級集団に心理的安全を確保できないと，仲間以外の者を排除する傾向を持つ可能性があるだけでなく，仲間集団内においてその規範を強く認識している子は少なからず，安心感を持てずに所属していることも窺えます。

3. 学級集団の階層構造

　仲間集団が排他的な傾向をもつことは，仲間集団内においても地位の差が生じやすく，いじめの問題が起こりやすいことを示してきました。こうした傾向は思春期だけに起こることではなく，会社内の人間関係や近所内でのママ友などでも見られることであろうかと思います。

　では，こうした学級内で作られる仲間集団に排他的な傾向を生み出すのは何かについて注目すると，そこには本来，同年齢の子どもから構成される学級集団に階層構造が生まれやすいことに起因するかもしれないことを概説します。

　同年齢の子どもから構成されるということは，普通，そこに立場上の差異はないことが想定されますが，能力や性格，生活背景がみんな異なることに加え，学力やコミュニケーション能力といった評価の物差しが当てられることで，必然的に上下関係が作られてしまいます。近年では学級集団内の階層構造を指して「スクールカースト」という言葉が世間一般に使われています。「スクールカースト」とは，学級内における生徒間の人気に基づく序列，または，学級内における生徒の所属する友人グループの地位に基づく序列（水野ら，2015）と定義され，鈴木（2012）は，コミュニケーション能力等の自己評価に基づき，上位群，中位群，下位群の 3

群に分け，上位であるほど学校生活に満足し，自己主張できることを明らかにしています。また，有倉（2017）や稲垣ら（2022）は，鈴木（2012）らの知見を踏まえ，学級内地位認知という視点から，これら3群の特徴を記述した3つの文章を作成し，そのうちの1つを選ばせるという手法を使って測定しています。その結果，上位であるほど自己主張や共感性などのコミュニケーション能力を高く認知していました（稲垣ら，2022）。また，仲間関係維持において，中位群が他の2群よりも消極動機が高いことも明らかになりました（有倉，2017）。これは，中位群が学級内で集団の雰囲気に合わせて行動していることを示すものと言えます。

　この学級集団の階層構造は，何も日本だけにみられるものではありません。階層性がいじめに代表される攻撃行動を促進することがわかっています。ギャランドゥら（Garandeau et al., 2014）は，思春期における学級内の地位階層の程度の集団間差と，いじめがどのように関連しているかを，中学2年生と高校3年生を対象に縦断データを用いて調べています。マルチレベル構造方程式モデルを用いた分析の結果，彼女らは学級の地位階層が，学年末のいじめと関連していることを明らかにしました。つまり，学年の中盤に階層性が高いと，学年後半にいじめが多くなることが予測された一方で，学年最初のいじめが将来的な地位の階層化を予測するという証拠は得られませんでした。この知見は，青少年のいじめを予防する上で，学級集団においてパワーバランスを共有することが重要であることを意味しています。また，ラニンガ-バイネンら（Laninga-Wijnen et al., 2019）は，攻撃行動や向社会的行動が人気によって報われる度合いである「攻撃的な人気規範」「向社会的な人気規範」が，生徒の学級集団の人気階層性の強さや構造とどのように共進化するかについて縦断的に検討しています。1年間3回にわたってパネルデータを収集し，交差ラグパネル分析という手法を用いて，オランダの中等教育学校の生徒120学級2,843人のデータを用いて分析を行っています（図10-3）。その結果，人気階層性は攻撃的な人気規範を予測しましたが，その逆はありませんでした。具体的に述べると，人気の高い生徒が少なく，人気のない生徒が多い教室では，学年初めに攻撃的な人気規範が強まり，学年末には向社会的な人気規範が弱まっていました。また，ピラミッド型に見られるような教室内の人気度の非対称性が強いと，相対的に攻撃的な人気規範が高くなることが予測されました。これらの結果は，階層的な文脈において高い攻撃的行動と低い向社会的行動が人気を手に入れるための貴重なツールとみなされ，人気獲得競争が生じることを示していると考えられます。

　学級集団内にカーストのような階層構造があるというと，誇張していると思う向きもありますし，逆にそれが普通でしょうという考えもあるかもしれません。実際，30人の子どもがいると，自然と発言力の強い子がいたり，物怖じしてじっとしている子もいたりするでしょう。しかし，その学級に所属したために，階層構造の中に埋め込まれ窮屈な思いをしている子がいる状況は改善すべきでしょう。「親ガチャ」という言葉があるように，「学級ガチャ」と言われることは決して望ましいことではありません。どんな子も自分の気持ちをいろいろな方法で周囲に伝え，周囲も受けとめられる心理的に安全・安心な学級を作ることが期待されます（1章参照）。そのためには，どんな条件があると学級に階層構造が作られるのか，1つずつその条件を明らかにするだけでなく，条件が交錯して作られるものでもあるので，それらの交互作用的な影響も明らかにされる必要があると言えます。

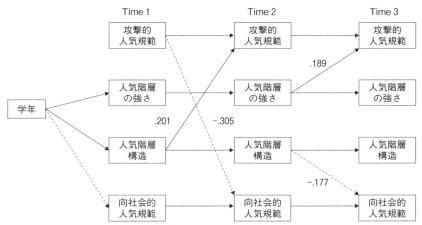

図 10-3　人気規範，人気階層性の強さ，人気階層構造の間の有意な
将来的関係を示す標準化係数（学級数　*N*＝120）

（Laninga-Wijnen et al. (2019) を一部改変）
人気階層構造の値が高いほど，学級階層性はピラミッド型になる。実線は正の標準化係数を，点
線は負の標準化係数をそれぞれ表し，同一変数については係数を省略した。

4.　学級集団構造を踏まえた学級集団づくり

　これまでに紹介した研究から，心理的に安全な学級においては，その中に作られる仲間集団の排他性を低めることや，学年始めの学級づくりにおいて，階層構造を作らない仕掛けが必要であることがわかります。では，自分が学級担任になったとして，どのようにしたら，このような学級集団を作ることができるのでしょうか。

　まず言えるのは，学級内で生じるトラブルや失敗に対して，その原因を誰かのせいにしないこと，つまり，責めないことが考えられます。けんかを始めトラブルは往々にして，どちらかが悪いと考えたくなるものです。話を聴く中で，それはあなたが悪いとすぐに判断してしまう先生もいるかもしれません。でも，トラブルは誰かが悪いと考えるのではなく，まずは関係が悪いと考えてみましょう。その上で，関係がうまくいかないのはなぜかを考えるために，それぞれの立場の気持ちを聴き，先生が理解したことを双方にわかりやすく伝えてあげることが必要です。気持ちが落ち着けば，相手の気持ちも伝わりやすくなります。また，身体的・心理的な暴力を行使する子どもがいたとして，最終的に謝罪をすることは必要ですが，暴力に至った背景を丁寧に聴き理解したことを伝えることに加え，できれば，その子の特性にも注意を向けていくことが求められます。トラブルとなった相手の言動と，暴力に至った子の認知特性がうまく折り合わなかったと考えることで，その子の行動がどうであったらトラブルとならなかったのか，適切にアセスメントしていくことで，次のトラブルを未然に防ぐことができるかもしれません。善悪をつけることは簡単ですが，善悪をつけることで加害をした子は責められたと感じ，相手や先生，その周囲に不快な感情を抱くようになってしまいます。不適切な行動は適切な行動に改善できるように促し，個人を責めない気持ちが，長期的に見れば心理的に安全な学級を作ることにつながるのではないかと思います（1，7章参照）。

　次に，学力など特定の能力を価値づけないことが必要だと思います。学級集団において，その能力を持っていることが望ましいということになれば，学級集団内でその能力を持っていることを認められる子が優位に立ち，その子を支持する関係が作られると，能力を示せない子や，

支持しない子が立場的に低位に置かれることになります。昔はそれが学力だったり運動能力だったりしたでしょうが，近年ではコミュ力，つまりコミュニケーション能力に価値が置かれており，学力が高くてもコミュニケーション能力が低ければ，学級内での立場は低位に置かれているように思います。人それぞれ強みは違いますし，どの強みも認められるべきだと思います。それが現代社会の中で価値づけられるだけでなく，学級担任によってそういう子がよい子なのだと価値づけられれば，そうでない子の居場所はなくなり，結果として不登校といった状態を作り出してしまうかもしれません。

　さらに，どの子も輝ける機会を作ることができないでしょうか。年間に実施される学級活動はいろいろあります。例えば，学年テストや運動会では活躍できないけれど，文化祭で大きなパネルを作るときには，手先の器用さを活かして自分の持ち味を発揮できるかもしれません。そうした子が輝ける機会を作ることではないでしょうか。人はみんな集団の中にいてもよいと感じることができれば，次に集団の中で役に立ちたいと思うものだと思います。有用感とでもいうのでしょうか。それを高めることができれば，その子の自信になるのではないでしょうか。

　これら3つの手立ては，それらを実行すればより心理的に安全な学級づくりに役立つかもしれません。しかし，これらの手立てを用いたからといって心理的に安全な学級になるわけではありません。手立ては，的確なアセスメントがあって初めて機能するものです。学級集団は，例えば，持ち上がりの学級で全く同じメンバーであっても，子ども一人一人の発達的変化や，感染症流行などの社会的な変化などにより変わりうるものです。よりよい学級経営をしていくためには，アセスメントをはじめとした理解の視点を多く持つことに加え，手立てのレパートリーを増やしていくことです。しかし，これらは一人で実現できるものではありません。同僚の先生に加え，学校内外の専門家がチームとなって取り組むことで実現できるものだと思います（7，9章参照）。

考えてみよう

　学び合える安全で安心な学級集団を作っていく上で，どのようなことに留意したらよいでしょうか。新年度，学期途中（夏休み明け），年度末（新年度に向けて）ごとに，理解の視点と具体的な手立て，およびそれらの根拠を考え整理してみましょう。

コラム11 コロナ禍の音楽活動を支える授業づくりと展開

曽部遼平（声楽家）

　2020年以降の新型コロナウイルス感染症の大流行により，音楽室から歌とリコーダーの音が消えました。それまで音楽の授業でメインであった活動に制限がかかり，中学校で音楽を教える私には困ったことになりました。私は，テノール歌手としても活動しているので，特に歌唱指導の授業に重点を置いていました。歌唱活動の長所は，生徒の自己表現の可能性を広げることだと考えられます。もちろん，歌が上手に歌えたり，楽器が弾けたりすることに越したことはないのですが，それよりも各々が感じる音楽をどう表現し，伝えられるかが大切だと思っています。コロナ禍でマスク生活が始まり，生徒は人前で何かを発表する機会や，友人と深くコミュニケーションをとる時間が大きく減りました。音楽の授業での主だった活動ができなくなった当時，生徒の自己表現の活動を広げるために，私は生徒に何を差し伸べようかと頭を悩ませました。音楽の授業において，鑑賞や座学はもちろん大切なのですが，演奏家としての視点からも，「やはり表現活動だ！　声を出さずにできる音楽表現ってなんだろうか？」と考えました。そこで，世界に目を向け，まず私自身が各国の民族音楽に触れてみました。国際化や価値観の多様化が進んでいる現代だからこそ，視野を広げなければと思いました。すると，興味深いものがたくさんでてくるのです。

　音楽の授業は，生徒にとって未知なる体験となることが多いです。生徒の将来に繋がる体験をいかに充実させるかを念頭において，私は授業を構成しています。コロナ禍での実践例を挙げるならば，授業の導入部では，世界各国の音楽に触れるようにしました。音楽は今の時代，日本だけでもかなり多様化しています。「それでは世界はどうなっているのだろう」と世界に目を向けてみると，これが音楽？みたいなものがたくさん見つかります。皆さんもよく知っているであろう，バリ島の「ケチャ」や，スイスの民謡「ヨーデル（アルプスの少女ハイジに登場する歌唱法）」，国があればそこには何かしらの音が根付いています。それらは私たちにとって異文化ですから，その音楽に触れると，生徒の反応もなかなかに良いものです。最初は笑ったり，騒いだりしていても，いつの間にか引き込まれていきます。「今日の音楽はどこの国や地域の発祥だろう」と，生徒も毎時間楽しみにしているようです。

　さて，表現活動に話題を戻しましょう。私が民族音楽から着想を得た自己表現の方法は主に2つです。1つはボディーパーカッション（身体を叩いて音を出し

打楽器の代わりをする），もうひとつは作曲です。どちらもグループワークを採用しました。コロナ禍で行事も中止，昼食も黙食，クラス全体がなかなか馴染めない雰囲気でしたから，グループワークを通してできるだけ距離を縮めさせようという狙いがありました。

　ボディーパーカッションは３つのパートによるものを私自身が作曲し，生徒が取り組みました。クラス全体でパートごとのリズムを確認して，その後グループごとに取り組ませます。「意外と合わせるのは難しい」と実感する生徒が多いです。演奏するにはコミュニケーションも大切です。授業ではゴールの設定が大事です。最後の授業はゴールとなる発表会で，グループごとに練習の成果を発表します。私の作ったボディーパーカッションの曲は，リズムこそ同じですが，強弱やテンポの設定は生徒たちに任せています。こうすることで，グループごとに自己表現の工夫が見られます。同じ曲でもできばえは多種多様です。手を叩く場所を変えているグループ，一種の踊りを交えながら叩くグループなど，発表している方も，見ている方も刺激が多く，大いに盛り上がりました。コロナ禍におけるクラスの親睦を深めることにも役立てたのではないかと思っています。

　もうひとつの方法である作曲に話題を移しましょう。作曲と聞くと，身構える人が多いかもしれません。「そんなの自分にできるわけない」とか，「難しそう」とか，生徒の反応も様々でした。しかし，終わってみれば，「自分でも曲が作れる！」と喜ぶ生徒や，もっと深く学びたいと思う生徒が多かったです。今回私が用意したのは，「誰にでもできる作曲」というタイトルです。嘘っぽいタイトルですが，本当です。コードネーム（和音：ドミソなど）を使います。J-POP を例に挙げると，和音の進行パターンはある程度決まっています。その型をこちらからいくつか提示した上で，それを組み合わせて曲の枠組みを作ります。そうしたら，その和音に含まれる音（例：ドミソ）から音を選んでメロディーを作っていきます。Ａメロ，Ｂメロ，サビで構成されている楽曲のため，グループ内で担当箇所を決め，相談しながら作曲していきます。リズムにこだわりすぎなければ，あっという間に楽曲はできあがります。

　作曲が終わり，ここからが本題です。作ったものと前述のボディーパーカッションを組み合わせて，グループごとに演奏します。メロディー，和音，ベース，ボディーパーカッションと役割を決めて合奏します。演奏で大切になってくるのは，やはり意思疎通です。最初は，周りと合わせられずに突っ走る生徒，自分のペースでしか演奏できない生徒がいました。しかし，グループ内での対話を通して練習することで，最後には，演奏ができあがりました。最後の発表会では，楽曲と演奏の人気投票を行いました。「もう１度聞きたい」とか，「音源が欲しい」とか，たくさんの声が聞こえてきました。歌えなくとも表現活動ができたと思え

た瞬間でした。

　以上，コロナ禍の授業づくりと展開について紹介しました。最後に，これから教員を目指す皆さんには，音楽の基礎を学びつつも，固定観念にとらわれずに視野を広く持ってほしいと思います。もちろん教科書は大切です。しかし，自分自身が未知なる体験に出会ったときの感動や驚きを伝えていくことが，より良い授業づくりの手助けになるのではないかと思っています。生徒が興味を持ち，表現する喜びを覚えるような授業を心がけて下さい。このコラムが少しでもその手助けとなれば幸いです。

（参考）
曽部遼平　公式ホームページ（今回紹介した授業の資料などが閲覧できます）

https://fiorefonte-concert.studio.site/music_education

11章 インターネット問題

1. ネットトラブル

(1) インターネット利用者の増加

　現代の私たちの生活には，インターネットはもはや欠かせない存在であることは言うまでもありません。総務省（2021a）の「情報通信白書」によると，2020年のインターネット利用率（個人）は83.4％であり，6〜12歳では80.7％，13〜19歳では96.6％でした。この調査におけるインターネット利用は「過去1年間において，インターネット（電子メールやメッセージの送受信，情報の検索，ソーシャルネットワーキングサービス（SNS）の利用，ホームページの閲覧，オンラインショッピングなど）」を指しています。この調査の結果から，多くの児童生徒がインターネットを利用していることが分かります。また，13歳〜19歳において，インターネットの利用目的で最も多かったのはSNSの利用（86.1％），次いで動画投稿・共有サイトの利用（73.9％），情報検索（63.7％），オンラインゲームの利用（59.1％）と続きます。

　私たちはインターネットを通してたくさんの情報に触れることができたり，新しいことを知ったりすることができます。それは児童生徒にとっても同様で，GIGAスクール構想のもとで授業内における情報端末の利用が進んだことや，コロナ禍にあって自宅で過ごす時間も増えたことも影響して，3節でも述べるとおり，これまでに比べてインターネットの利用が増えています。

(2) SNSの発展

　さて，先に述べた総務省の調査でも示されたとおり，13〜19歳においてインターネット利用目的で最も多かったのはSNSの利用です。SNSは本書の読者も利用している可能性が高いと思われますが，SNSは本邦において2000年代初頭から普及し始めました。その背景には，インターネット環境が整備され，大容量の通信が可能な高速回線であるブロードバンドの普及があると言えます。それ以降，本邦でも様々なSNSが提供されており，モバイル社会研究所（2022a）による15歳から79歳までの6,000人以上を対象とした調査では，SNSの使用率はそれぞれLINE（81.6％），X（旧Twitter）（41.6％），Instagram（35.6％），TikTok（8.5％）と報告されています。

　そして，小・中学生を対象にした調査では，SNSの利用率は小学校低学年では34％ですが，小学校高学年では51％に上昇し，中学生では90％となり，ほとんどの中学生が何らかのSNS（この調査では，上記の4つをSNSと定義して利用の有無を尋ねています）を利用しているといえます（モバイル社会研究所，2022b）。

(3) インターネットやSNSの発展の影

　このように，以前と比べて社会的なつながりを簡単に作ることができるようになったことは，様々な考え方や価値観に触れる機会が増えた，と考えることもできます。多様性の理解が求められる現代にあっては，このことは望ましい側面もあるでしょう。その一方で，見知らぬ他者

に容易に接近できるようになった（あるいは，容易に接近されるようになった）という点は，特に注意すべきことであると言えます。たとえば，SNSを用いて自分の趣味に関する情報（よく利用する店など）を繰り返し投稿するうち，それらの情報から個人が特定され，知らない人に付きまとわれるようになるようなケースや，デートや食事だけで金銭的支援をしてくれる人との交際活動（パパ活やママ活と呼ばれるもの）を通じて，児童売春やストーカーなどの被害に遭うというケースもあります（総務省，2023）。

　また，ネット上のトラブルは見知らぬ他者との間だけに限りません。後述するネットいじめのように，友人たちとのコミュニティの中で生じるインターネット関連のトラブルもあります。次節では，ネットいじめについて概説します。

2.　ネットいじめ

(1)　ネットいじめの認知件数の推移

　近年は，インターネットを通じて行われる「ネットいじめ」の問題が深刻化しています（加納，2016）。文部科学省（2022b）の「児童生徒の問題行動・不登校等生徒指導上の諸課題に関する調査」では，「パソコンや携帯電話等で・ひぼう・中傷や嫌なことをされる」という項目に回答した児童生徒は，2012年度は7,855件だったものの，2021年度は21,900件となり，大きく増えていると言えます（図11-1）。なお，いじめの総認知件数に対する割合は常に3〜4％ほどであり，この割合は大きく変わってはいません（表11-1）。図11-1から，特に中学校においてネットいじめが多いことが分かります。

図11-1　児童生徒のネットいじめ被害件数

（文部科学省，2022b より作成）

表11-1　いじめの総認知件数におけるネットいじめの割合の推移

年度	2012	2013	2014	2015	2016	2017	2018	2019	2020	2021
割合（％）	4.0	4.7	4.2	4.1	3.3	3.0	3.0	2.9	3.6	3.6

（文部科学省（2022b）より，平成24年度から令和3年度までの調査結果をもとに作成）

(2) 近年のネットいじめの特徴

　なお，ネットいじめの内容も変化していることが指摘されています。従来（いわゆる「ガラケー」時代）では，メールの他に，「学校裏サイト」などと呼ばれる匿名のサイトでの交流が多かったため，その匿名性を利用した直接的な誹謗中傷や，特定の個人を名指しするデマなどが多かったと言えます。その後，スマートフォンが主流になってからは，無料通話アプリやSNSの交流（基本的に記名で行う）が中心になったため，直接的な攻撃よりも，グループから外す，対象をぼかすなどの行為が多くなっています（文部科学省，2022a）。

　また，冷やかしやからかい，暴力などの従来型のいじめは，いじめっ子（たち）のいる学校を離れることで一時的に逃れることができましたが，ネットいじめはその場所を問わないので，24時間いじめられる可能性があり，逃げ場がないというのも辛いところです。

(3) 被害者にも加害者にもなりうる

　そして，従来のいじめの定義（5章参照）にあったような，「自分より弱い者に対して一方的に」という力関係は，ネットいじめでは必ずしも当てはまりません。たとえば，いじめの被害を受けた側の児童生徒が，相手の児童生徒を誹謗中傷するような内容をSNSに投稿したりすることで，今度はいじめの加害者となってしまうことも考えられます。実際に，内海（2010）が中学生を対象にした調査では，ネットいじめについて，いじめの経験のみあるのは8％，いじめられのみの経験があるのは7％だった一方，両方を経験しているのは18％でした。この調査は2007年に行われたものであり，当時はまだスマートフォンは普及していませんでした。2010年でもスマートフォンの普及率は4％程度と報告されています（モバイル社会研究所，2023）。調査からすでに15年以上が経過し，SNSを利用する児童生徒が大きく増えている今，ネットいじめの加害・被害の両方を経験する児童生徒の割合にも変化が起きているかもしれません。

　このように，インターネットの使い方しだいでは，大きなトラブルや犯罪に巻き込まれる可能性があることや，誰もが簡単にいじめの被害者・加害者となりうると言えます。このことを踏まえ，児童生徒に情報モラル教育などを通してインターネットの負の側面を説明し，正しく安全に使うことができるよう導く必要があります。

(4) ネットいじめに関する研究

　ネットいじめに関連する研究を一つ紹介します。稲垣・澤田（2022）は，中学生を対象に，いじめに対する態度と，ネットいじめを含むいじめ関与行動（同じクラスの人の悪い噂を聞いて，それを他の人にも話した，同じクラスの人の悪い噂をインターネットを使って，他の人にも伝えた，など）との関係を検討しました。いじめに対する態度の測定には，従来から用いられている質問紙による自己報告と併せて，潜在連合テスト（Implicit Association Test）と呼ばれる，グリーンワルドら（Greenwald et al., 1998）によって作成されたテストを使用しました。その結果，まず質問紙による自己報告で測定したいじめへの態度（いじめは少しくらいあったほうがよい，いじめは必ずしも悪いものではない，など）が強いほど，いじめ関与行動が多いという結果が示されました。

　もう一点，新たに明らかになったことは，いじめに対して，自分でも気づかないレベルでポジティブな態度を持ちやすい（「いじめる」と「楽しい」が連合している）生徒は，周りに同様にいじめを行う生徒が多いほど，いじめ関与行動が多いことが示されました（図11-2）。このことが示しているのは，自分でも気づいていないような，いわば潜在的ないじめの好みが強い生徒は，いじめを行う生徒の数が「呼び水」となって，自らもいじめに関与してしまう可能性があるということです。今のところ，いじめに対する潜在的な好みに影響する要因は明らか

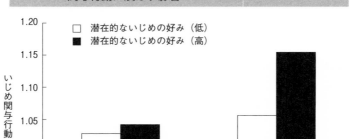

図 11-2　潜在的ないじめへの態度といじめ加害友人数がいじめ
　　　　　関与行動に及ぼす影響

（稲垣・澤田，2022 を一部改変）

になっていませんが，人種に対する潜在的態度を扱った研究では，3 歳頃から，自分と同じ人種を好むというバイアスがあること（Qian et al., 2016），6 歳頃の子どもでさえも，成人と同程度のバイアスを持っていること（Baron & Banaji, 2006）が示されています。この点を踏まえれば，児童生徒にとっての重要な他者である家族や教師の振る舞いや態度が，児童生徒の潜在的な態度にも影響を与える可能性があります。そのことを意識しながら，周りの大人が自らの言動や行動に注意する必要があると言えるでしょう。

3. インターネット依存

(1) インターネット利用時間の増加

　総務省（2021b）の調査によると，これまで主要なメディアの中で，平日の 1 日あたりの利用時間が最も長かったのは「テレビ（リアルタイム）視聴」でしたが，2020 年度において初めて，「インターネット利用」の平均利用時間がそれを上回りました（テレビは平均 163.2 分，インターネット利用は 168.4 分）。休日では依然としてテレビ（リアルタイム）視聴の方が利用時間は長いものの，2019 年度と比べてインターネット利用時間が大きく増加しています

（2019 年度は 131.5 分，2020 年度は 174.9 分）。そして，インターネット利用について，10 代では平日は 224.2 分，休日は 290.8 分と，生活の大半を占めていることがうかがえます。

(2) インターネット依存とは

　横濱（2021）によると，依存症とは特定の物質や行為に対して心を奪われ，やめたくてもやめられない，コントロールできない状態を指し，物質への依存（薬物やアルコールなど）とプロセスへの依存（病的なギャンブル癖など）に大別されます。両者に共通するのは，より強い刺激を求め，やめようとしてもやめられないなど，本人の意思でコントロールが利かない状況になることです。本節で述べる「インターネット依

表 11-2　ネット依存傾向の基準

1	本人がネットに夢中になっているという自覚があるかどうか
2	自己満足感を満たすために，ネットの利用時間が増えていないか
3	本来の目的よりも多くの時間を費やしていないか
4	ネットの利用を削減するための努力を何度行っても失敗していないか
5	ネットの利用を止めたりした際に，イライラしたり，落ち着かなかったり，不安になることがないか
6	ネットが原因で，人間関係や生活リズム，仕事，学業などに支障が出ていないか
7	ネットへの依存を隠すために，周囲に嘘をつくことがないか
8	つらいことや自己に不利益な状況から逃げるために，ネットを活用していないか

（横濱，2021 より作成）

存（以下，ネット依存）」は，プロセスの依存にあたります。

　横濱（2021）に紹介されている，ネット依存傾向の基準を表 11-2 に示します。ここでは目安として，半数以上に思い当たることがあれば，ネット依存の傾向が高いとされています。

(3) ネット依存の影響

　本邦における中高生のネット依存に関連する研究をいくつか見てみます。たとえば，ネット依存傾向が高い中高生は，その傾向が低い中高生よりも抑うつや孤独感が高い（堀川ら，2013）ことや，メディア利用時間が長い（1 日あたり 3 時間以上）高校生は主観的健康感が低い（佐野ら，2022）という報告があります。また，ネット依存傾向の高い高校生は，学校生活上で経験する様々な問題や状況に対処するスキルが低い（稲垣ら，2016）こと，男子において睡眠時間が減少する（坂本，2019）ことなどが示されています。つまり，ネット依存傾向が高いほど，心身の健康が損なわれがちであることや，スムーズな学校生活を送れていないことが示唆されます。

4. インターネット問題への対処

(1) 長時間の利用への対処—どれくらいインターネットを利用しているかに「気づく」

　もし，児童生徒が過度にインターネットを利用していることに気づいたとしても，即座に「明日から 30 分だけにしましょう」という一方的な約束は，なかなか受け入れられないでしょう。そもそも，長時間使用しているということに無自覚である可能性もあります。

　先述の横濱（2021）のチェックリストの 1 つ目に，ネットに夢中になっているという自覚の有無が挙げられています。これに関連して，児童生徒も多く利用している動画投稿サイトは，最初は観たい動画を自ら選んで再生するものの，終了後に「○秒後に次の動画を再生」というように，これまで視聴した動画と関連すると思われる動画が自動的に再生される機能があります。著者自身も同じ経験があるのですが，こうして次々と別の動画を視聴していくうちに，気がつくと相当の時間が経っている，ということがあります。そこで，まずは自分が 1 日のうちどれくらいの時間，そのデバイスを使用しているかを把握するというところから始めるとよいでしょう。パソコンであってもスマートフォンであっても，スクリーンタイムの機能が多く備わっています。詳細は自分が持っているデバイス名（たとえば「iPad」）と「スクリーンタイム」という言葉で検索してみてください。そして，スクリーンタイムを使用してみた上で，思っていたより利用時間が長いようであれば，たとえば動画投稿・視聴アプリの使用時間を 1 時間までに制限する，といった環境面の調整をしてみるのもよいでしょう。児童生徒も保護者（あるいは教師）も納得した上で使い方の約束をする，ということが大切です。

(2) ネットいじめへの対処─組織的取り組みと教師自身の理解

　先述したネットいじめに関連して，インターネットにおける問題は，起きてから解決するということは困難です。デジタルタトゥー（digital tattoo）という言葉もあるように，デジタルの情報がインターネットに広く公開され，将来の自分にとって有益でない情報がインターネット上に残り続けてしまうことも考えられます。早期発見，未然防止のためにも，普段から児童生徒に対するアンケートを実施して，インターネットの利用実態（利用内容，利用時間）を把握したり，児童生徒間でインターネットの扱いを話し合う機会を設けたりすることが望まれます。また，トラブルに巻き込まれた際には，速やかに相談できる窓口を明示しておくとともに，相談があった際は個人の判断で対応せず，組織的に対応することが大切です（文部科学省，2022a）。

　さて，SNSなどで児童生徒間にトラブルがあった場合，教師はその事情を聴き取る機会があると思います。その際に，児童生徒が話している用語を，いわば「共通語」として理解できるようにしておくことも大切なことと言えます。著者自身の経験として，現職教員の先生方にネットいじめに関する講習を行った際，「子どもたちの使っている用語がわからず，ついていけない」という感想をいただくことがありました。このような状況であれば，何かトラブルが起きたとしても，児童生徒は「先生に話してもわからない」と考えてしまい，相談しないということもあるかもしれません。ネットいじめを含むインターネット問題の早期発見のためには，教師自身がインターネット問題に興味を持ち，児童生徒のインターネット利用実態の変化に敏感であるよう心がけることと，日常のささいな困難や悩み事を気軽に相談できるような信頼関係を築いておくことが大切です（文部科学省，2022a）。

　先述のとおり，インターネットが急速に普及したことは，多様な考え方や価値観に触れる機会が増えた，と考えることもできますし，このこと自体はグローバル時代において望ましいことと言えるでしょう。インターネット上に膨大な情報がある中で，それを上手に取捨選択していくための方法を，児童生徒に確実に伝えていくことが必要と言えます。

話し合ってみよう

　インターネットにおけるコミュニケーションでは，お互いの表情が見えないほか，文字や絵文字のみのやり取りになります。それによって生じうると思われる誤解や，その対処方法について話し合ってみましょう。

コラム12 日本の LINE スタンプの特徴に見る デジタルコミュニケーションの文化差

Oberwinkler, Michaela（デュッセルドルフ大学講師）

　日本ではドイツに比べると，デジタルコミュニケーションがとても早い時期から普及し始めました。ドイツの場合，インターネットに接続できる携帯電話が定着したのは，つい数年前のことです。特に，ドイツでは SNS を介したコミュニケーションは日本に比べて不慣れなところがあると感じています。つまり，日本の方が進んでいると言えます。ですから，私は日本滞在中に SNS を通じたデジタルコミュニケーションに非常に興味を持ちました。特に LINE のスタンプに注目した理由は，2017 年当時はドイツを含め欧米で最も主流なメッセンジャーである WhatsApp には，まだスタンプ機能が搭載されていなかったからです。

　現在は WhatsApp でもスタンプの機能が追加され，使用できるようになりましたが，日本の方がまだまだスタンプがより頻繁に使われていると言えます。私が特に感心したのは，日本のスタンプではかわいい動物の画像がよく使用されている点です。不思議なことにドイツ人の私が見た場合に，これらの動物のキャラクターは互いに非常に似ており，それがウサギなのか，クマ，猫，犬，あるいはまったく別の動物なのか，すぐに見分けられないため，なかなか区別できません。

　特に驚いたのは，友人から送られてきた，ウサギが猫の着ぐるみをかぶっている変装した動物のスタンプです。私には，そのスタンプのイラストが何を意味しているのか，よくわかりませんでした。友人に相談したところ，スタンプに描かれた動物の種類よりも，動物のかわいらしさや楽しい気持ちが表現されていることの方が重要だと教えてくれました。仮装している動物は可愛さが倍増するので，その効果が高まるそうです。つまり，特定の動物で特定のメッセージを伝えるのではなく，むしろポジティブな気持ちを伝えるのが肝心だということです。これは私にとって，とても新鮮な発想でした。私としては，スタンプを選ぶ時はどの動物が描かれているのかを知りたいからです。

　さらに，スタンプの選択にはまた別の驚きもありました。それは，選択肢が多いにもかかわらず，日本のユーザーはとても素早く適切なスタンプを選択できることです。膨大な数のスタンプから，自分のお気に入りを見つけるのは，とても時間がかかりそうです。しかし，日本の友人は，この問題は全く生じないようです。LINE でのやり取りは，返信は数秒以内，特にスタンプは秒速で送信されてきます。私にはこの速さは謎ですが，日本は漢字圏の国と考えると少しは納得できます。漢字文化圏で生まれ育ったことが，適切なスタンプを把握するスピード

に影響を及ぼしているのではないかと考えられます。漢字の画数が多いか少ないかを確認でき，その違いにすぐに気づくこともできる人なら，スタンプの中から最短時間でふさわしいスタンプを探し出すことも難しくないのでしょう。私がまだスタンプの練習不足で遅いだけかもしれませんが，それでも日本では素早く正確に，適切なスタンプが返信されることに今でも感心します。日本人は幼い頃からたくさんの漢字を習うため，その訓練はスタンプに早く対応できるのにも役立ちます。論理学の記号論によれば，漢字は象形文字であり，本来イメージを伝えるものであるため，スタンプも同じようにイメージを描いている画像と考えられます。つまり，スタンプは日本の視覚文化によく相応するのではないかと思います。

　さらには，日本人の知り合いはスタンプにお金を使う人が多いことに驚きました。ある友人は，「無料のスタンプを探すのに何時間も費やしていると同僚に思われたくないから，買っちゃう」と話していました。友人に言わせれば，いくつかのスタンプセットを購入し，お気に入りのスタンプをすぐに手に入れる方が良いのだそうです。これは友人の個人的な意見ですが，私には，スタンプセットを買うということは，むしろスタンプに興味があるように見えるのです。スタンプにハマりすぎだと周りから思われたくないなら，そもそもスタンプを使わない方がいいのではないかと思います。しかし，それは友人には無理な話だったのでしょう。

　WhatsApp には 2018 年秋からスタンプ機能が追加されましたが，ドイツ人の知り合いの間ではあまりスタンプを使いません。私が今まで受け取ったスタンプは少ない上に，その数少ないスタンプの中で目立つのは，送信者の外見に似ているアバターの画像です。わざわざ別のアプリで作成し，送信者との類似点が明らかに見て取れるアバターの画像です。日本のスタンプには，送信者の名字がイラストに組み込まれている個人の名前付きスタンプもありますが，送信者とスタンプの間には外見上の類似性はありません。この点から，日本とドイツのデジタルコミュニケーションスタイルの大きな違いが浮き彫りになります。

　ドイツでは，少なくとも私が観察している限り，スタンプの機能に関しては送信者が自身の描写であるアバターで自己表現をしようとしているのに対して，日本ではむしろ感情を伝えることが求められるように感じます。そして，この感情が送り手の実際の感情と一致する必要はなく，むしろ受け手を楽しい気持ちにさせることが重要です。これは，コミュニケーションの目的に基づいた 2 つの異なる機能に該当します。ドイツの場合は，送信者の現実世界の模写で情報を与えようとしていますが，日本の場合は，受信者に対して楽しみを与える効果を求めていると解釈できます。このように，デジタルコミュニケーションにも，異なる文化の間には大きな違いがあります。この文化差のおかげで，あらゆるコミュニケーションが興味深く魅力的なものになっているのではないかと思う日々です。

12章 性に関する教育相談

　性に関する教育相談には，広範な内容が含まれます。広範ではあるものの，「人権」及び「人格」という観点から捉えることが支柱に据えられます。本章では，性の権利と健康を保障し維持する「人権」及び「人格」という視点から，教育相談に求められることについて考えていきます。

1. 人権としての「性」

(1) 性の権利宣言

　児童や生徒たちは，「性の権利」を保障されているでしょうか。たとえば，性的マイノリティを理由にいじめに遭うこと，黙っていてほしかったのに同性愛者だと吹聴されること，避妊や性感染症予防について自己決定できない関係性であること，あるいは，教師から校則に合った色の下着を身に付けているか確認されること，教師から性的な目で見られること，さらには，学校が科学的に正しく理解可能な情報を入手できる場になっていないこと，入学試験で男性以上に高得点が取れていても女性の中では低いため不合格となること等々，性を切り口にした権利の侵害は，さまざまな教育場面で見られるものです。

　ここでは，人間としてもって生まれた自由・尊厳・平等に基づき，危害からの保護に対する関わりを含む「性の権利」について考えます。私たちは，どのような性の権利を有しているのでしょうか。世界性の健康学会（World Association for Sexual Health：WAS）による「性の権利宣言」を紹介しましょう。この「性の権利宣言」は，国際的諸機関による同類の宣言文やセクシュアリティの定義に影響を与えており，重要な宣言文とみなされています。全16項目からなる権利がすべての人々において尊重され，保護され，満たされなければならないとする宣言です。

　では，まずは「セクシュアリティ」の定義を見てみましょう。この宣言におけるセクシュアリティとは，「生涯を通じて人間であることの中心的側面をなし，セックス，ジェンダー・アイデンティティ[1]とジェンダー・ロール[2]，セクシュアル・オリエンテーション[3]，エロティシズム，快楽，親密さ，生殖がそこに含まれる」とされます。LGBT（Lesbian, Gay, Bisexual, Transgender）や性の多様性に関することも，デートDVやセクシュアル・ハラスメント，大人からのグルーミング[4]行為などの性暴力に関することも，妊娠や性感染症に関することも，性差別の問

----
1) ジェンダー・アイデンティティ（性同一性）とは，所属する性別についての統一性・一貫性・持続性に係る感覚のことをいいます。性別に対する同一感のことです。
2) ジェンダー・ロール（性役割）とは，ある性別に付与された役割のことをいいます。
3) セクシュアル・オリエンテーション（性的指向）とは，恋愛や性愛の対象となる性別の指向をいいます。
4) グルーミングとは，「手なずけ」の意味を持ち，他者に近づいて信頼を得た上で関係性をコントロールし，性的行為に及ぼうとすることをいいます。

表 12-1　「性の権利宣言」における権利 16 項目

性の権利はセクシュアリティに関する人権である

1．平等と差別されない権利
2．生命，自由，および身体の安全を守る権利
3．自律性と身体保全に関する権利
4．拷問，及び残酷な，非人道的な又は品位を傷つける取り扱い又は刑罰から自由でいる権利
5．あらゆる暴力や強制・強要から自由でいる権利
6．プライバシーの権利
7．楽しめて満足できかつ安全な性的経験をする可能性のある，性の健康を含む，望みうる最高の性の健康を享受する権利
8．科学の進歩と応用の恩恵を享受する権利
9．情報への権利
10．教育を受ける権利，包括的な性教育を受ける権利
11．平等かつ十分かつ自由な同意に基づいた婚姻関係又は他の類する形態を始め，築き，解消する権利
12．子どもを持つか持たないか，子どもの人数や出産間隔を決定し，それを実現するための情報と手段を有する権利
13．思想，意見，表現の自由に関する権利
14．結社と平和的な集会の自由に関する権利
15．公的・政治的生活に参画する権利
16．正義，善後策および救済を求める権利

（WAS（2014）；東・中尾訳，2015）

題も，性に関するすべての事象が関わるのがセクシュアリティという概念です。
　表 12-1 に「性の権利宣言」における権利 16 項目を示します。こうした項目をすべて満たす形で，人々の性が保障される必要があります。教育相談では，この視点をぶれさせることなく児童生徒に向き合うことが求められます。

(2) 性の権利が剥奪されないための学校風土づくり

　個別の教育相談に入る前に確認をしたいことは，そもそも学校の体制として性の権利を保障することが教職員間で意識されているのかという点です。教職員に「児童生徒の性の権利は尊重され，保護されているのか」という意識が共有されていない中では，たとえば生徒に対する教師によるグルーミングが行われていた場合，実際には子どもの「2．生命，自由，および身体の安全を守る権利」や「3．自律性と身体保全に関する権利」が剥奪されている事態であるのにもかかわらず，「その子もその先生が好きだったのではないか」と被害を軽視し落ち度を探すような言動が職員室で交わされるという，二重の人権侵害が起こり得ます。あるいは，性的マイノリティである児童生徒が揶揄されていた場合に，「1．平等と差別されない権利」が脅かされているにもかかわらず，「ああいう仕草をしてるから，みんながイジリたくなるのでは」と揶揄されるのが当然かのような発言が起こることもあります。そのような学校風土では，子どもの性の権利を守るという体制に入れません。
　性の権利に関する内容が校内の全体計画や年間指導計画に明記されることも重要ですが，個々の教職員が児童生徒の性の権利を保障する意識を持てるようにすることこそが重要だと思われます。たとえば，教員や外部講師による性に関する授業は，児童生徒に付与された性の権利の啓発になる（佐々木，2018；赤澤ら，2021）だけでなく，教職員自身が性の権利に対する意識を高めることにもなります。誰もが性の人権を脅かされない風土をつくる予防的教育はたいへん重要です。

(3) 性の権利を保障する教育相談

　性の権利が脅かされないような予防的教育が重要であることを前提とした上で，本章では，学校場面でよく見受けられる性の問題の中でも，性暴力（デート DV の問題）と性の多様性（性的マイノリティと性的マジョリティの問題）について取り上げます。

❶ デート DV についての教育相談

　デート DV とは，交際関係や親しい関係における若者間の暴力のことをいいます。こうした関係性は，学校危機（school crisis）の一つであり，学校が積極的に予防と介入を行うべき問題ともされています（Brock et al., 2002）。

　デート DV の特徴としては，「加害側と被害側の双方に認知の歪みが生じやすい」（野坂，2010）ことが挙げられます。たとえば，行動を制限したり束縛するのは好きだからだと正当化したり，好きな人だからこそ分かってほしかったから手をあげたとか，好きな人の気持ちがわからなかったほうが悪いと合理化したりなどです。恋愛感情が基盤にあることからも，「人権」という側面が意識されにくい領域かもしれません。それゆえ，当の本人たちは，この恋愛のあり方が問題であると自覚しないこともあり，そのため教職員が友人や本人の雑談の中から，「介入すべき事態」と判断して対応し始めるということがあります。

　被害生徒へのカウンセリングでは，「交際相手を好きだという気持ちを否定せずに，まずは何をしても大丈夫だと安心してもらうことが大切である」（野坂，2010）とされます。友人が心配をして教職員に相談をしてきた場合などは特に，その友人が被害生徒に対し，相手と別れるように忠告していることも往々にしてあります。しかし，別れるかどうかは本人が決めることであり，カウンセリングの中で本人が意思を固めていくことはあっても，教職員側が別れることを勧めてしまうと，その後，「本人が本音を話せなくなり，相談できなくなってしまう」（野坂，2010）ため，安定した相談関係が維持できず，本人が抱え込んでしまい，交際相手との支配―被支配の関係が継続してしまうという結果に陥る危険性があります。そのため，交際相手を好きだという気持ちを否定しないことが，デート DV 被害者への対応として肝要だといえるでしょう。

　デート DV の被害者は，「5．あらゆる暴力や強制・強要から自由でいる権利」を脅かされているのですが，その権利を持つことを理解しておらず，「自分のことが好きだから，束縛してくる」と，相手の行動をむしろ自分に関心があるがゆえであると，もっと言えば愛情であると解釈していることもあります。あるいは，愛情希求や居場所のなさ，恋人がいるという形式へのこだわりから，こうした支配―被支配関係を継続させたいという思いがあることもあります。したがって，頭ごなしに関係を断つよう説教するのではなく，目の前の生徒がどのような心理的背景を抱えているのか，生徒との信頼関係を築きながら丁寧に掘り下げていくことが求められているといえるでしょう。

　また，暴力が深刻で心身への影響が甚大である場合や，妊娠・性感染症のリスクがある場合は，迅速に医療機関にリファーする必要があります。

　加害者に対するカウンセリングでは，エビデンスがあることから，加害者の不適切な「認知」と，葛藤を暴力で対処するという不適切な「行動」について，変容を促すための認知行動療法が選択されることが多い（藤岡，2006）ようですが，加害者支援においても，頭ごなしに「暴力はやめなさい，相手を自分の思い通りにするのはやめなさい」と説教したところで，説教されたというネガティブな感情だけが残り，却って言い訳ばかりをして逃げようとしてしまうことにつながりかねません。暴力に至った認知について丁寧に拾っていくことが求められます。加害者には「自分は馬鹿にされている」とか「自分を愛していないから口答えをしてくる」などといった被害的な認知があり，そうした葛藤を言葉で相手と解消せず，暴力で解決し

ようとするところに問題があります。そのため，「否定的な自己認識が変わらない限り，場面や相手にかかわらず，暴力のサイクルは生じてしまう」（野坂，2010）といわれます。したがって，こうした自身の認知のスタイルに気づかせ，ネガティブな感情を抱く自分を認め，そして自分の感情や気持ち，考えていることを率直に言葉で伝えられるようにサポートすることが教育相談において求められます。

　なお，加害者側と被害者側とが同じ学校に所属している場合は，同じ担当者が対応するのか，別々の担当者を充てるべきかを考える必要もあるでしょう。

❷ 性の多様性についての教育相談

　性の多様性とは，性同一性や性的指向，また性役割の表現など性の様々な要素について，その個々人のあり方が様々であることを示す概念です。

　多様性についての教育相談においてもっとも重要な視点は，「個を尊重する」ということです。学校ではしばしば，集団規律のことばかりを考え，個が蔑ろにされることがあります。たとえば「女子はみんなスカートなのに，どうしてあなただけ特別扱いしなくてはいけないの？」とズボンを履きたい女子生徒の心情を大事に取り扱わず，個の人権を蔑ろにしてまで集団の規律を守らせようとすることがあります。この状態は，「人は誰も，セクシュアリティに関する思想，意見，表現の自由に関する権利を有し，他者の権利を尊重しつつ，外見，コミュニケーションおよび行動などを通じて，自己のセクシュアリティを表現する権利を有する」という「13. 思想，意見，表現の自由に関する権利」を侵害しているのですが，「診断書を持ってくれば考えるよ」と，病気になれば表現の自由が尊重されるのかと思わせるようなことも起こっています。これでは，学校が人権侵害をするところであると学ぶ場になります。教育相談でこのようなケースに遭遇したら，性の権利の観点から児童生徒の自由を守れるよう動かなければなりません。

　また，多様性を尊重するということは，どこかの成功例をそのまま目の前の児童生徒に踏襲してはならない，ということでもあります。児童生徒一人一人が異なるニーズを持っており，一人として同じ人はいません。本人に細かいところまで聞き取り，どうすべきか本人の意向を大事にする必要があります。マニュアル化・画一的対応は当事者軽視に繋がり，多様性尊重とはいえません。

　性の多様性を尊重したいと思い，力になりたくて「相談をしてほしい」と思う教職員もいます。そのこと自体に問題はありませんが，中には「カミングアウトしてほしい」と願う教職員もいます。カミングアウトとはセクシュアリティの中でも，特に性的指向と性同一性に関わる特質やありようを自己開示することをいいます。では，教職員が「この生徒はきっと性的マイノリティに違いない」と考え，カミングアウトを強制することは当人にとって心地が良いでしょうか。「もしかして，ゲイなんじゃない？」等と，強制カミングアウトを促すことは，児童生徒にとって侵襲性の高い行為です。大人の「カミングアウトされたい欲求」を満たしたいがために，子どもにカミングアウトを強制することは，お互いの信頼関係を崩すことにつながりかねません（佐々木，2020）。それくらいセクシュアリティの情報はセンシティブであると知っておく必要があるでしょう。

　昨今，「チーム学校」と言われるようになり，専門スタッフや教員間で，役割分担をしながら児童生徒に関わっていくことが推奨されるようになってきました。多くのスタッフが児童生徒とかかわるようになれば，情報共有も重要になります。性の多様性に関わるチーム学校の中で問題となるのが「情報共有という名のアウティングをすること」です。アウティングとは，カミングアウトを受けた人が，本人の許可なく他者にそれを漏洩することを言います。これは「6. プライバシーの権利」を侵害したことになります。「この権利には，セクシュアリティに

関連した個人情報を他者に開示することについてコントロール（管理・調節）する権利が含まれる」とあるように，チーム内のどの教職員とどの程度共有すべきかは，常に慎重に児童生徒と要望をすり合わせ，児童生徒がその情報をコントロールできるようにしなければなりません。自傷他害の恐れや，いじめ等があれば管理職に伝える必要はあるでしょう。しかし，その際に本人が許可していないのであればセクシュアリティまで暴露する必要はありません。もしも暴露したことが本人に知られると，もっとも最悪の事態として自殺を招く危険性もあります。それくらいのプライバシー情報であることを肝に銘じる必要があるでしょう。

　もしもチームで動く必要が生じれば，アウティングにならないよう，本人の同意を取らねばなりません。特に性的指向については秘匿したいケースも多いでしょう。もし情報共有をしたいのであれば「他の教職員にも共有しなければならない理由」を本人に伝え，どの教職員であれば話してもよいのかも含め，必ず同意を取らなければなりません。また，保護者に伝えるかどうかも本人の同意を得る必要があります。教師や友人には言えても，保護者には絶対に知られたくないと思っている可能性もあります。本人のみが本人のセクシュアリティの情報をコントロールできるという権利を奪うことをしてはいけません。

2. 人格形成としての「性」

(1) セクシュアル・アイデンティティ

　性に関する教育相談は児童生徒の人格形成に寄与するものです。冒頭で紹介した性の権利宣言におけるセクシュアリティの定義に「生涯を通じて人間であることの中心的側面をなし」とあったように，人間であることの中心を成すのが「性」であるからです。

　思春期に入ると，性成熟が始まり，性衝動が高まります。この時期にある子どもたちの落ち着かない気持ち，不安定な感情は，生物学的な当たり前の現象として受け止める必要があります。そして，性衝動が誰かに向くことを尊重しつつ，同時に，それを実際の行動に移すには，その性関係が対等であり，なおかつ同意に基づいていなければならないということもまた，性の人権という観点から説明する必要があるでしょう。そして，この他者・社会と自己との関係性が重要な意味を持つからこそ，性にはアイデンティティという側面があると言えます。

　エリクソン（Erikson, E. H.）が青年期の発達課題に「アイデンティティ」を据えたことはよく知られています。そして，適切なアイデンティティの感覚が確立されて初めて，次の成人期の課題である「親密性」を得ることが可能になると述べています（2章参照）。「性的な」親密さは，他者との間に本物かつ相乗的な心理的親密さを発達させる能力がなくても成り立ってしまうため，エリクソンは「親密性」として指すもののうち「性的な親密さは一部に過ぎない」（Erikson, 1968）と述べており，エリクソンの言う「親密性」とは，あらゆる他人との親密さ，さらには自分自身との親密さまでを射程に入れてはいるのですが，一方で，エリクソンは「親密性」の前駆として青年期に「sexual identity（セクシュアル・アイデンティティ）」の課題を設定してもいます。エリクソン自身は時代性もあり異性愛を前提として理論を展開していますが，現代的な文脈で読み取れば，どのような性的指向かにかかわらず性的な他者とのかかわりを含めたアイデンティティを指すといえるでしょう。どのような相手とどのような性的関係を持ちたいか，そうした性的あり方やその相手との関係が他者にどう承認されるかを考えていくことは，青年期になって初めて直面する課題です。教育相談においては，個人レベルでも集団レベルでも生徒が冷静に客観的に自己を振り返る機会を持つことが望まれます。このときに気をつけたいのは，異性愛を当たり前のように前提としないことでしょう。多様なセクシュアル・アイデンティティがあり，どのようなありかたも尊重されると伝えることが生徒の健やかな人格形成に寄与すると思われます。

(2) ジェンダー・アイデンティティ

　エリクソンは，セクシュアル・アイデンティティを「自分はいかなる男性あるいは女性であるかという問いに没頭」（Erikson, 1980）することであるとも述べていますが，ジェンダーとセックスを分離して捉えることが一般化した現代では，この問いは，「ジェンダー・アイデンティティ（性同一性，p. 109 参照）」に相当するものと考えられます。相手との性的な関係を土台にするアイデンティティではなく，社会的にどのような性別として生き，どのように承認されるかという問いです。特に思春期の女子は一般的に女性性受容が困難であると言われており，自己の性別の受容（「女に生まれて良かった」）の割合が小学 5 年生から中学 2 年生まで下がり続け，中学 2 年で自分の性を受容できているのは半数に満たない（伊藤，2000）と言われます。特に月経が影響を与えており（Stubbs & Costos, 2004），日野林ら（2007）は，自分の性を受容できているのは中学 2 年で 43% 程度であり，すでに初潮を迎えている者は迎えていない者よりも低いと報告しています。

　つまり，この時期，ジェンダー・アイデンティティが揺れることはそれほど珍しいことではありません。自我アイデンティティと同様に，この時期がモラトリアムであることを保障し，ゆっくり探求できるように学校が鷹揚な環境を整えることが肝要です。女性（男性）であることが受け入れられないからといって，男性（女性）として生きていきたいかはまた別の話です。男女二分法を前提とせずに，ノンバイナリーや X ジェンダーなど多様なジェンダー・アイデンティティがあり，どのようなありかたも尊重されることを伝えることが，生徒の健やかな人格形成に寄与すると思われます。

3. 最 後 に

　以上，人権と人格という視点から性にまつわる教育相談について考えてきました。こうした教育相談が成り立つには，性教育が欠かせません。国際的な動向として，ユネスコが科学的根拠に基づいた性教育の手引きである「国際セクシュアリティ教育ガイダンス」（ユネスコ編，2020）をリリースしています。児童生徒が自身の権利を守り，健やかな人格形成をするために，知識を得ることは重要です。きめ細やかな相談に加え，個別教育と集団教育を交え，児童生徒の性の健康を保障していきたいものです。

考えてみよう

　「性の権利宣言」における権利 16 項目をみて，一つ一つ，あなたの身の回りで具体的にどのように権利が守られていないと思うか考えてみましょう。また，その権利を守る為に教育にできることはどのようなことかを考えてみましょう。

コラム 13　「パントサウルスの歌」で学ぶ　思いやりと性─英国の保育・教育

三城桜子（昭和音楽大学非常勤講師・東京藝術大学専門研究員）

パンツ姿の恐竜「パントサウルス」

「♪パンツ，パンツ，パントサウルス，パンツ，パンツ，パントサウルス♪」

陽気でポップな親しみやすいメロディーと，パンツ姿の恐竜「パントサウルス」のリズミカルなアニメーション。「パントサウルスの歌（The Pantosaurus Song）」は，100 年を超える活動歴をもつ児童保護慈善団体，「全英幼児虐待防止協会（The National Society for the Prevention of Cruelty to Children：NSPCC）」が考案した性被害・性暴力防止をめざす予防教育の教材です。アカデミー賞の受賞経験もある英国のアニメーションスタジオ，アードマン・アニメーションズ（日本では，映画『ウォレスとグルミット』や『ひつじのショーン』で知られています）の協力で作られた歌とキャラクターには，どのようなメッセージが込められているのでしょうか。このコラムでは，それを見ていくことにしましょう。

歌に込められたメッセージ：「パンツのお約束（PANTS rules）」

小さい頃，だれしも好奇心を抱く「パンツのなか」。この歌に登場する「パンツ（PANTS）」は，頭文字をつなげて作った略語（頭字語）になっていて，それぞれの文字から始まる標語（＝「パンツのお約束」）を，子どもたちに発信しています。

P：「パンツの中は自分だけの大切なところ（Privates are private）」
A：「いつだって自分の体は自分のもの（Always remember your body belongs to you）」
N：「ノーはノー［＝イヤという権利がある］（No means no）」
T：「不安になる秘密は，信頼できる人に話そう（Talk about secrets that upset you）」
S：「（困ったら）声をあげよう，助ける人がいるから（Speak up, someone can help）」

「パンツのお約束」のメッセージを，かみ砕いてみるならば，こんな風になるでしょうか。①パンツや水着で隠れる部分は，「プライベートゾーン」であること。②自分のからだに自分以外のほかの人が触れようとするときには「同意」が必要なこと。③もし触れられるのが嫌ならば，「ノー」と拒否する強さをもってよいこと。④誰かが自分のからだに同意なく触れようとし，そのことを「秘密」にするよう強要されたとします。そのような「自分にとって心地よくない秘密」

は，信頼できる人に打ち明けてほしいこと。⑤（自分の体に関わることにかぎらず），困ったことがあったら，ひとり悩まず，信頼できる人に話して，助けをもとめる勇気をもってほしいこと。

「PANTS について話そう（Talking PANTS）」

　大切なことだと頭ではわかっていても，自分の体のことや「性」に関わることを誰かに話したり，イヤだという権利を主張したりすることには，大人でも気おくれしてしまうことがあります。これを読んでいる人のなかには，それを，子どもたちに伝えることは，さらにハードルが高いと感じる人もいるかもしれません。しかし，「パントサウルスの歌」では，性被害や性行為を想起させる言葉は出てきません。子どもたちにとって，わかりやすく，親しみのもてる表現によって，自分の体を大切にする強さをもち，体とこころを守るための知識を身につけることが目指されています。

　また，「パントサウルスの歌」の生みの親である NSPCC は，「PANTS について話そう」と銘打って，子どもたちが幼い頃（4歳ごろ）から，学校や家庭で「パントサウルス」を通して積極的に対話できるようなキャンペーンを展開しています。そして，この語りかけは，単発的にではなく継続的に行われることが必要だとしています。NSPCC のホームページには，教材や歌詞カードが充実し，無料でダウンロードすることができます。そこには，先生方や両親が，いかなる背景をもつ子どもたちにも語りかけられるよう，そのきっかけづくりのヒントがちりばめられています。

　実際に，英国では，義務教育段階における健康教育の中核に据えられた「人格，社会，健康と経済教育（Personal, Social, Health and Economic education：PSHE）」と呼ばれる科目のカリキュラムのなかで「パントサウルスの歌」が取り入れられている例もあります。そこで幼少期の子どもたちが触れるのは，体のことに限らず，例えば，「どういうときに相手の同意や許可を得る必要があるのか」，「自分の体が自分のものであることと，モノを所有することの違いはなんだろう」といった問いに取り組み，自分自身を大切にすることの重要性を認識することを通して，他の人の立場になって考え，他者への思いやりを学ぶなかで，自分も，他人も自然と大切にできるような学びの場です。「パントサウルス」は，多様性のなかに生きる私たちに，性に関する教育の枠を超えた学びのチャンスを与えてくれているように思います。日本でも，文部科学省による「生命（いのち）の安全教育」が始まりました。みなさんも，ぜひ一度「パントサウルスの歌」に耳を傾け，一緒に歌ってみませんか。

13章 学校危機と緊急支援

　学校とは，生徒が安全で安心して学べることが大前提です。しかし近年，いじめや不登校の増加，また，新型コロナウイルス感染症拡大による長引く自粛生活の影響，さらには，地震や洪水などの自然災害による被害も多く発生しています。このような不安定な社会状況の中，学校は危機管理体制を整え，生徒や教職員の生命や安全を守るとともに，「安全と安心の確保」のため，心のケアを実施することが求められています。本章では，心のケアについて「リスク・マネジメント」と「クライシス・マネジメント」とに分けて説明していきます。

1. 学校の危機管理

(1) 学校危機とは

　「生徒指導提要」では，「学校危機」とは「事件・事故や災害などによって，<u>通常の課題解決方法では解決することが困難で，学校の運営機能に支障をきたす事態</u>」と定義しています（文部科学省，2022b，p.96）。その範囲は，多種多様，多岐・多方面にわたっています。

　東京都教育相談センターが作成した「生命にかかわる事件・事故を防ぐために」（東京都教育相談センター，2010）では，「学校における危機」を以下のように示しています。

学校における危機の内容として，次のものがある。

ア　個人レベルの危機
　不登校，家出，虐待，性的被害，家庭崩壊，自殺企図，病気等
イ　学校レベルの危機
　いじめ，学級崩壊，校内暴力，校内事故，集団薬物乱用，集団食中毒，教師バーンアウト等
ウ　地域社会レベルの危機
　殺傷事件，自然災害（大震災），火災（放火），校外，誘拐，脅迫事件，窃盗・暴力事件，IT被害，教師の不祥事等

　上記に「自殺・自殺未遂」や「不審者」はないが，それらは内容により，学校又は地域社会における危機である。

---

(2) 危機対応とは

　危機が発生すると，当事者のみならず，学校組織，保護者や地域社会に多くの混乱が同時に発生します。このような危機に対しては，被害を最小限度に収め，二次的被害を防ぎ，学校運営を迅速に正常化することが求められます。その際，学校のみならず，あらゆる教育資源を活用して，「心の安定」と「日常性の回復」を図ることが何より重要です（東京都教育相談センター，2006，p.2）。

　また，学校危機が発生した際には，緊急対応はもちろんのこと，日常の取組みが試されるときでもあります。日頃より，生徒への適切な指導・支援や円滑な学校体制を構築することが，

とても大切です。

(3) 心のケア

　事件・事故に遭遇すると，恐怖や不安から，心理的に混乱が起き，ストレスがかかります。このような状態の時には，「心のケア」を考えた危機管理が大切です。

　「心のケア」は，「危機的出来事などに遭遇した為に発生する心身の健康に関する多様な問題を予防すること，あるいはその回復を援助する活動」（文部科学省，2003）とされており，危機が発生したときの「回復を援助する」対応だけでなく，「予防」も含まれます。その「予防」には，日常の生徒の健康観察と迅速な情報共有ができる組織体制の構築が何より重要です。

2. リスク・マネジメントとクライシス・マネジメント

　学校危機管理には，事件・事故を回避し，災害の影響を緩和するために学校が取り組む「リスク・マネジメント」と，事件・事故，災害発生直後に，被害を最小化し，早期の回復へ向けた取組である「クライシス・マネジメント」があります（文部科学省，2022b，pp. 97–100）。本章では，全ての生徒が対象となる未然防止を「リスク・マネジメント」，早期発見・早期対応，課題解決を「クライシス・マネジメント」とに分けて説明していきます。

3. リスク・マネジメント―「未然防止」がなぜ重要か

　図13-1は，「ハインリッヒの法則」です。「1件の重大事故の裏には29件の軽微な事故と300件の怪我に至らない事故がある」という労働災害におけるけがの程度を示した法則です。

図13-1　ハインリッヒの法則

Herbert W. Heinrich（1886-1962）：1930年代のアメリカの産業安全の先駆者。

　ここで示しているのは，1つの重大事故の背後には，必ず予兆があり「ヒヤリ・ハット」があるということです。ですから，常に，「組織」として危機の発生を未然にいかに防ぐかという意識と危機感を共有することが非常に重要となります。

　この際の「組織」とは，教員のみならず，生徒本人，保護者，地域等学校を取り巻くすべての人たちが対象となります。そのためには，生徒本人に対して日頃からの声掛けを含めた未然防止教育が何より求められてきます。ひとたび重大事故が発生すると，それに関わる人たちには，将来にわたって心身共に大きな傷を残します。ましてや命に関わる事件・事故の場合は，二度と取り返しはつきません。また，事後処理には膨大な時間がかかり，通常の教育活動にもおおいに支障が生じます。

　「未然防止」は，不断に，地道に，組織で行っていかなければ効果はありません。そのため，手間と時間がかかるものであり，目に映る効果が感じられないかもしれません。しかし，重大事故が起き

てしまった際のさまざまな傷の深さと膨大な時間の処理，将来にわたる影響の大きさを考えると，やはり「未然防止」に勝る策はありません。生徒たちの安心で安全な生活と健やかな成長のために，生徒自身の自己指導能力の育成とそのための環境づくりが重要です。

4. リスク・マネジメント―「未然防止」とは

(1) 安全教育について

　「リスク・マネジメント」は，「事件・事故の発生を未然に防止し，災害の影響を回避，緩和するための取組」（文部科学省，2022b，p. 97）です。学校は，「学校保健安全法」第27条により「児童生徒等の安全の確保を図るために」，「安全教育」「安全管理」「組織活動」の3つの活動について，学校安全計画を策定し，実施することが義務付けられています。

　このうち，「安全教育」は，「危険を予測し回避する能力と，他者や社会の安全に貢献できる資質や能力の育成」を図るものです。東京都教育委員会は，表13-1のように「安全教育」を「安全学習」と「安全指導」の2つの側面から分類し，整理しています（東京都教育委員会，2022，p. 4）。

表 13-1　安全教育の分類

安全教育		
安全学習	安全指導	
教科等における安全学習	日常的な安全指導 （朝・帰りの会，給食の時間等）	定期的な安全指導 （避難訓練，交通安全教室等）
安全に関する基礎的・基本的事項を理解し，思考力・判断力を高めることで，安全について適切な意思決定ができるようにすることをねらいとする。	当面している，あるいは近い将来当面するであろう安全に関する問題を中心に取り上げ，安全の保持・増進に関するより実践的な能力や態度，さらには望ましい習慣の形成を目指すことをねらいとする。	

(2) 日常的な安全指導について

　危機を回避する行動をするためには，必要な「知識」と高い「意識」が必要です。「知識」は安全学習の核となるものですが，「意識」は日常的な指導を適宜，適切に継続的に行うことで高まります。この場合，「一声（ひとこえ）指導」が有効です。

【一声指導の例】
部活動の帰宅指導：
「家が同じ方向の友達と一緒に帰りましょう」
雨が続く季節：
「校内の廊下は滑りやすいので気を付けましょう」
　　　　　　　　（参考：東京都教育委員会「安全教育プログラム第14集」）

　また，日常の生徒の状況を的確に把握しておくことは，「一声指導」に大変役立ちます。例えば，養護教諭と協力して，保健室の来室時間・曜日・月等を集約し，来室が多い時間帯等について分析し，結果を教員全体で共有し，共通して呼びかける方法があります。なぜその時間帯や曜日，時期に多いのかを分析することで，学校全体の心身の不調を事前に予測することが

できます。また特定の生徒について，来室回数が多い傾向が読み取れれば，その生徒がもつ課題にも気がつきやすくなり，早期発見・早期対応につながります。

(3) 気になる生徒の早期発見のために

　日頃から，生徒の様子をていねいに観察し，組織として情報を共有することが，とても重要です。

　表13-2は，東京都教育委員会が作成した「いじめ発見のチェックシート」（東京都教育委員会，2021，p.94）です。いじめのみならず，例えば，災害時にも，危険への恐怖から「わざとはしゃぐ」「イライラする」等の情緒の不安定が見られることもあります。一人一人の心身のサインを見逃さず組織で情報共有，対応策を考えることが，とても大切です。定期的に，教師自身がこのチェックリストで，全生徒に対してチェックすることも必要でしょう。また，学校からの観察だけでなく，保護者からの観察も重要です。そのため，日頃より，保護者の理解と協力を得られるよう信頼関係を築いておくことが求められます（5章参照）。

表 13-2　いじめ発見のチェックシート

1　表情・態度
- □ 笑顔がなく，沈んでいる。
- □ 視線をそらし，合わそうとしない。
- □ 表情がさえず，ふさぎこんで元気がない。
- □ 感情の起伏が激しい。
- □ ぼんやりとしていることが多い。
- □ わざとらしくはしゃいでいる。
- □ 周りの様子を気にし，おどおどとしている。
- □ いつも一人ぼっちである。

2　身体・服装
- □ 身体に原因が不明の傷などがある。
- □ 顔色が悪く，活気がない。
- □ 寝不足等で顔がむくんでいる。
- □ シャツやズボンが汚れたり，破けたりしている。
- □ けがの原因を聞いても曖昧に答える。
- □ 登校時に，体の不調を訴える。
- □ ボタンが取れていたり，ポケットが破けたりしている。
- □ 服に靴の跡が付いている。

3　持ち物・金銭
- □ 鞄や筆箱等が隠される。
- □ 机や椅子が傷付けられたり，落書きされたりする。
- □ 鞄や靴が隠されたり，いたずらされたりする。
- □ ノートや教科書に落書きがある。
- □ 作品や掲示物にいたずらされる。
- □ 必要以上のお金を持っている。

4　言葉・言動
- □ 欠席や遅刻，登校渋りが多くなる。
- □ 一人でいたり，泣いていたりする。
- □ 忘れ物が急に多くなる。
- □ すぐに保健室に行きたがる。
- □ 休み時間に校庭に出たがらない。
- □ 不安げに携帯電話等をいじったり，メール・SNS等の着信をチェックしたりしている。
- □ 他の子供から言葉掛けをされない。
- □ 教室に遅れて入ってくる。
- □ いつも人の嫌がる仕事をしている。
- □ 職員室や保健室の前でうろうろしている。
- □ 家から金品を持ち出す。

5　遊び・友人関係
- □ 遊びの中に入っていない。
- □ 友達から不快に思う呼び方をされる。
- □ 特定のグループと常に行動を共にしている。
- □ 付き合う友達が急に変わったり，教師が友達のことを聞くと嫌がったりする。
- □ 遊びの中で，いつも鬼ごっこの鬼やサッカーのキーパーなど，特定の役割をさせられている。
- □ 笑われたり冷やかされたりする。
- □ グループでの作業の仲間に入っていない。
- □ よくけんかをする。
- □ 他の人の持ち物を持たされたり，使い走りをさせられたりする。

6　教職員との関係
- □ 教職員と目線を合わせない。
- □ 教職員と関わろうとせず，避ける。
- □ 教職員との会話を避ける。

（東京都教育委員会，2021，p.94をもとに作成）

（4）教員組織と外部機関との連携（9章参照）

　危機を招かない学校にするには，危機意識を共有できる組織を構築していく必要があります。また，保護者を含めて，危機に備えた外部連携の構築も重要です。

　校内における組織活動としては，校長のリーダーシップのもと，日頃より，教育相談体制が構築され，円滑に機能していることが重要です。学級担任のほか，養護教諭や特別支援コーディネーター，スクールカウンセラー等がそれぞれの役割を果たし，必要な会議や研修が適時，適切に開催されていることが大切です。そのためには，教職員同士が安心して話をできる環境が整っていることが前提となります。管理職は，風通しの良い職場環境を整えることが必要です。

　また，保護者は重要なパートナーです。子どもの安心・安全のために，日頃より確固たる信頼関係を構築する必要があります。何も起きていない時こそ，信頼関係を築く絶好のチャンスです。

　そして，関係機関等には，様々な種類があります。例えば，学校医，教育委員会，警察，消防，医療機関，児童相談所，子ども家庭センターなどの相談機関，周辺の学校，民生委員・児童委員，自治会などがあります。日頃より「顔の見える関係」を築き，開かれた学校づくりを推進していくことが求められます。

5. クライシス・マネジメント—危機への対応

（1）危機にどのように対応するか

　事前に未然防止策をとっていたのにもかかわらず，事件や事故が起きた場合は，迅速かつ適切な対応を組織的に行うことが，何より求められます。その際の視点として，「時間軸」と「関わる人・組織」の2つが大切であり，その2つの視点を基に，マトリックスで対応を考えることが重要です。

```
【時間軸】
①いますぐできること
②本日中にできること
③2〜3日以内にできること
④1週間以内にできること
⑤1か月以内にできること
⑥2〜3か月以内にできること
⑦中・長期的にできること　等
```

```
【関わる人・組織】
・被害者，加害者等の該当者
・該当者の保護者
・周りの生徒
・学校の全生徒
・教職員
・地域社会　　　等
```

　また，「学校保健法第29条」には，心のケアを位置づけた事件・事故発生時の緊急管理マニュアルをあらかじめ作成しておくことが示されています。また日頃より，緊急発生時に備えた訓練や研修を実施することが重要です。

　緊急対応時の心のケアに関する対応は，以下が考えられます。急性ストレス症状のある生徒のほか，心的外傷後ストレス障害（PTSD）が出現する場合もあるので，継続的に組織で支援を図る必要があります。

①正確な情報の把握，共有化
②配慮が必要と考えらえる子どもの把握，対応策の検討
③対応方針の共有化，子どもや保護者への情報の伝え方の共通理解
④外部専門機関への緊急支援要請，関係機関との連携　等

6. 自殺について

(1) 子どもの自殺の実態

　図 13-2 は，過去 23 年間で自殺した児童生徒数の推移です（文部科学省，2022a）。

　2016（平成 28）年に改正自殺対策基本法が成立しましたが，児童生徒の自殺が後を絶たないことは，極めて憂慮すべき状況です。自殺に至らなくとも，自傷行為や自殺願望を抱く子どもは，決して特殊なケースと言えない現状です。また，自殺は連鎖を呼ぶとも言われていますが，子どもたちは，特に他者の自殺の影響を受けやすい（群発自殺）傾向もあります。

　子どもたちは，必ずどこかで誰かにつながりたいという願望をもっています。そして，「死にたい」という気持ちの裏では，必ず「助けて」という声を叫んでいるはずです。誰かとの絆を確認することで，自殺予防に必ずつながっていきます。若い者が，自ら命を絶つという悲劇を絶対に起こさないために，生徒の身近にいる教師こそが高いアンテナをもち，「子供たちの叫びを最初に受け止めるゲートキーパー」にならなければなりません（文部科学省，2009）。

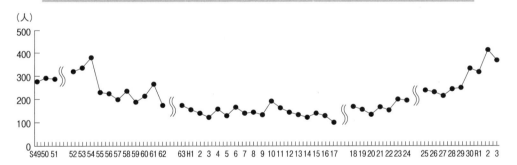

図 13-2　昭和 49～令和 3 年度までの小・中・高等学校から報告のあった自殺した
　　　　　児童生徒数の推移

(2) 自殺予防のための学校の組織体制の構築

　自殺予防は，大きく 3 つの段階に分けられます（表 13-3）（文部科学省，2022b，p.193）。

　中でも重要なのが，「予防活動」であり，自殺予防教育や日常の教育相談活動がこれに当たります。「リスク・マネジメント」と言えます。

　「危機介入」は，自殺の早期発見・早期対応であり，「事後対応」は自殺発生後の危機対応となり，いずれも「クライシス・マネジメント」になります。

表 13-3　学校における自殺予防の 3 段階

段階	内容	対象者	学校の対応	具体的な取組例
予防活動 プリベンション	各教職員研修	全ての教職員	校内研修会等の実施	教職員向けゲートキーパー研修
	自殺予防教育 及び児童生徒 の心の安定	全ての児童生徒	授業の実施（SOS の出し方に関する教育を含む自殺予防教育，及び自殺予防につながる教科等での学習） 日常的教育相談活動	・自殺予防教育 ・生と死の教育 ・ストレスマネジメント教育 ・教育相談週間 ・アンケート
	保護者への普及啓発	全ての保護者	研修会等の実施	保護者向けゲートキーパー研修
危機介入 インターベンション	自殺の危機の早期発見とリスクの軽減	自殺の危機が高いと考えられる児童生徒	校内連携型危機対応チーム（必要に応じて教育委員会等への支援要請）	・緊急ケース会議（アセスメントと対応） ・本人の安全確保と心のケア
	自殺未遂後の対応	自殺未遂者と影響を受ける児童生徒	校内連携型危機対応チーム（教育委員会等への支援要請は必須），若しくは，状況に応じて（校内で発生，目撃者多数などの場合）ネットワーク型緊急支援チーム	・緊急ケース会議 ・心のケア会議 ・本人及び周囲の児童生徒への心のケア
事後対応 ポストベンション	自殺発生後の危機対応・危機管理と遺された周囲の者への心のケア	遺族と影響を受ける児童生徒・教職員	ネットワーク型緊急支援チーム（校内連携型危機対応チーム，教育委員会等，関係機関の連携・協働による危機管理態勢の構築）	・ネットワーク型緊急支援会議 ・心のケア会議 ・遺族，周囲の児童生徒，教職員への心のケア ・保護者会

(3) 自殺の心理と自殺予防教育

　自殺に追いつめられたときの心理として，右記の 5 つが挙げられます（文部科学省，2022b, p.196）。

　自殺は，ある日突然何も前触れもなく起きるのではなく，長い時間かかって，危険な心理状態に陥っていくのが，一般的と言われています（文部科学省，2009, p.5）。心の病や喪失体験，

> 【自殺の心理】
> ①ひどい孤立感
> ②無価値感
> ③強い怒り
> ④苦しみが永遠に続くという思い込み
> ⑤心理的視野狭窄

安心感がもてない家庭環境など様々な危険因子が絡み，複雑な要因が重なり合い，自殺の「準備段階」に入ってしまい，生きるエネルギーを失っていくと考えられます。ですから，学校，保護者，地域社会を含めて，「心の居場所」となる安心・安全な学校環境を整えることが重要です。

　また，生徒自身には，命の危機を乗り越えるために自他の「心の危機に気づく力」と「相談する力」を身に付ける自殺予防教育が重要です（文部科学省，2022b, p.189）。ストレスマネジメントやアンガーマネジメント等様々な困難やストレスに対処できる力や，命の大切さを実感できる教育が求められています（1章参照）。

(4) 自殺の危険が高まった生徒への対応

　生徒から「死にたい」と相談された，あるいは自傷行為などを発見した場合，決して軽視してはいけません。また教師自身が不安になる必要もありません。「心の SOS を生徒が発した」ということは，教師と生徒との間に信頼関係が構築されているということであり，教師自身が日頃より，高いアンテナを張っているということにもなります。自殺の危険が高まっている生

徒への対応の原則は，「TALK」です（文部科学省，2022b，p. 201）。

【TALK の原則】
Tell：心配していることを言葉に出して伝える
Ask：「死にたい」と思うほどつらい気持ちの背景にあるものについて尋ねる
Listen：絶望的な気持ちを傾聴する
Keep safe：安全を確保する。一人で抱え込まずに，連携して適切な援助を行う

　中には，「先生にだけ話をする。誰にも言わないで」と訴えてくる場合もあります。その場合も，決して一人で抱え込んではいけません。生徒がそのように言ってくる背景に着目する必要があります。例えば，自分の気持ちを保護者に知られることで，保護者が過剰な反応をし，かえって親子関係が破綻することを恐れているのかもしれません。そのような場合は，保護者と良く話し合い，過剰な反応をとらないように理解を求め，生徒の心の安定を何より第一に，学校とともに考えていくよう協力を求めます。

　生徒の命を守るには，多くの目で生徒を見守り，チームによる対応が何より重要です。学校は，守秘義務を守りながら，組織で共通理解を図りながら，対応していくことが肝要です。そして，そのことは，教師自身の不安の解消にもつながります（9章参照）。

(5) 不幸にして自殺が起きてしまったときの緊急支援

　「生徒指導提要」では，図 13-3 のように，事後対応の流れを示しています（文部科学省，2022b，p. 203）。

　身近な人が自殺した場合，その衝撃から子どもを含め，保護者，教職員には，様々なストレ

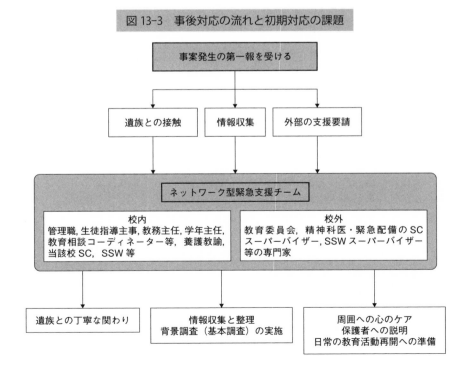

図 13-3　事後対応の流れと初期対応の課題

ス反応が起こります。「群発自殺」など二次的被害を食い止め，学校運営に日常性を取り戻すために，適切な心のケアが求められます。校長のリーダーシップのもと，「ネットワーク型緊急支援チーム」を早急に結成していくことが肝要です。また，心に深い傷を受けた生徒たちには，長期的な支援が必要です。切れ目のない支援体制を，学校，家庭，地域社会が構築することが求められます。

　また，教職員にもサポートが必要です。責任感から疲労を感じない場合もありますが，教職員全体で率直に気持ちを分かち合ったり，カウンセリングを受けたりすることが大切です。必要があれば医療機関を受診することも重要です。

考えてみよう

　未然防止教育が大事とされますが，それはなぜでしょうか。また，様々な種類の未然防止教育があります。どのようなものがあるでしょうか。

コラム14 ベルギーの幼稚園への送り迎えから考える

杉下文子（田園調布学園大学非常勤講師）

　ベルギーの幼稚園（エコール・マテルネル école maternelle）の朝はせわしないです。ベルギーで子育てをしていた当時，私は2歳半になったばかりの息子を連れて，通りに面した入口の呼び鈴を鳴らし，名を告げて扉を解錠してもらい中に入っていました。すぐ右側の廊下沿いには手前から順に3，4歳児，奥に2，3歳児のクラスがあります。靴のまま廊下を進むと，タイトスカートにハイヒール姿の担任の先生が，泣きべそをかいている子どもを抱っこしながら教室を出入りしています。息子も半泣きながら，お友だちを見つけて少しにっこり。リュックを廊下にかけて，ひとりで教室の中に入ります。送ってきた私たち親は，すぐに外へ出ます。生後10ヶ月の頃から1年半ほど息子を預けていた保育ママからも「長居は逆効果」「母親が長くいるほどぐずる」と言われていました。そもそも，たいていの保護者は仕事に行く途中なので大急ぎです。通りに路上駐車している人も多いので，挨拶もそこそこに急いでその場を去って行きます。その滞在時間たるや，ものの1，2分で，先生との会話や親同士の交流もほぼありません。

　ここは仏語圏ベルギーの最北西端，オランダとの国境にほど近いヴィゼ市にある王立アテネ（幼稚園～高校までの公立一貫校）の幼児部です。立地と，幼稚園年長から小中高等学校まで基本的にオランダ語で教育活動を行う特殊なカリキュラムのためか，隣国や同じベルギーでもオランダ語圏から通ってくる子どもも多く在籍しています。フランスと同様に2歳半になると，こうした「学校」に無償で入ることができるので，最年少のクラスでは随時新しい仲間を受け入れる仕組みになっています。フランスやベルギーでは幼児部は「学校」なのです。

　そのためか，おしめが取れたばかりの幼い子どもを受け入れるとはいえ，規律は厳し目です。登校時刻は8時15分からの15分間限定で，時刻ぴったりにしか対応してくれません。それより早くに子どもを送りにこなければならない家庭のために，7時15分からお預かりのサービスがあります。では，お迎えはというと，終業の鐘が鳴る15時20分から10分間限定です。15時半になると，子どもは「お預かり」に移されます。私が見た限り，15時半に迎えに来られる親はごく少数で，パピーやマミー（祖父母）と帰るか，お預かりに移動する子どもの方が多くいます。なかには7時15分からお預かり終了の18時まで，ほぼ毎日ずっと園内にいる3歳児もいますが，こうした託児サービスが1日たったの1ユーロ（約150円）で受けられることには驚きます。

　学校の規則集によると，登下校時には保護者が送り迎えを行い，万一，保護者以外の者が学校に赴く場合には，あらかじめ連絡帳で届けを出すか，保護者が電話連絡を入れておかなければなりません。幼児だけで園庭に出ることは一切禁止されているため，登校時にも下校時にも園庭で遊んでいる子どもの姿を見かけることはほぼありません。実は，２歳半から４歳の園児たちの教室への出入りは，厳重に鍵のかかった扉からしかできない構造になっていて，小さな子どもたちを教師が監視できるよう工夫されています。小さな園庭に面している５，６歳児の教室と比べると，小さな子たちの教室はずいぶんと窮屈に感じられますが，安全確保の点では有効なのでしょう。

　同じような光景は，2010 年にフランスで公開されたドキュメンタリー映画『小さな哲学者たち』（原題：Ce n'est qu'un début，英題：Just a beginning）にも見られます。幼児を対象とした哲学教育という新しい試みを記録した映像ですが，フランスの保育現場の日常や子どもたちの表情をも観ることができる作品です。保育時間の終わりに先生が子どもたちを送り出す光景が興味深いです。園庭につながる教室の扉をごく細く開けた先生は，親の顔を確認したうえで子どもを一人一人呼んでいきます。上着を着込み，帽子をかぶって足早に去っていきます。日本の幼稚園なら，子どもたちが園庭を駆け回って遊んだり，保護者が立ち話に話を咲かせていたりしますが，そのような姿は見られません。

　この違いは，決して「日本の方が安全だから」ではなく，むしろ，子どもに対する責任についての意識の違いから生じるように感じます。子どもが親の手から保育者に渡された瞬間から，子どもの安全確保は保育者の責務です。その仕事は，預かっていた子どもを保護者やその代理，またはお預かりサービス担当に引き渡す時刻まで続きます。また，子どもを引き取った親や家族にも，学校としての活動が終了している以上，早く敷地から出るべき，という意識が働いています。責任から解放され，勤務時間を終えた教師の労働法上の権利の尊重も重視されます。

　ベルギーで幼児の送り迎えを経験して改めて痛感しているのは，登降園の時間の重要性です。幼い子の親は，子どもが先生や仲間たちとどんな風に接するのか見たいし，教室の様子を保育者から聞いてみたいものです。同じように送迎に来る他の保護者との情報交換も，親にとっては貴重です。保育者にとっても，園での日々の活動に対して親からフィードバックを貰える貴重な機会になり得ます。

　家庭と園とを円滑につなぎ，保育活動を実り豊かなものにする交流の機会が，安全確保や保育活動の効率化のための方策の代償として失われるのは残念です。子どもを守るだけでなく保護者のサポートも可能で，かつ保育者にも優しいセキュリティー制度とは何か，日々考えさせられます。

コラム 15 学校生活を乗り越える ―自殺と子どもの心のケア

高際尚子（杉並区教育委員会済美教育センター教育相談アドバイザー）

「自殺という行為」の周囲には多くの生徒，その家族，地域社会があり，それぞれ大きな影響を受けます。学校教育の従事者である教職員も心身に不調を来すことがありますが，教員は，「自分の苦しみ」を苦しんでいる場合ではありません。

事件としての自殺

日本の教育現場では，自殺という事件にどう対応するか＝クライシスマネジメントと，事件が起きないためにどう防ぐか＝リスクマネジメントについて研修します。自殺という事件を含む，生徒の生命安全を脅かす「こと」が起きないようにすることが現場では何よりも優先されます。起きないための物理的な安全管理について言えば，例えば，上階の窓は 10 cm 程度しか開かないように固定する，危険物とされる刃物類，工具類，薬品類の管理を徹底する，登校してから帰宅するまで，生徒の所在は常に把握する，などです。また，安全指導もすべての授業計画に位置付け，指導の実施を記録します。教育課程においては，道徳教育や学級経営等における「いのちの教育」として，生命尊重・個の尊重は重点的に取り上げられています。これらのことが自殺予防にどこまで効果があるか，そのような検証が可能だとは思えませんが，安全管理や安全指導，生命尊重教育を徹底する過程において，現場の従事者が子どもたちの命を守る意識を高められ，子どもたちに対して，「命はかけがえのないもの」との自覚を高めることはできます。ただ，それで十分だ，大丈夫だ，とは誰も思っていません。

学校の日常において，今日，元気に下校していった生徒が明日もまた元気に登校してくるとは限らない，との思いにかられることがしばしばあります。心理士や精神科の医師などの専門家に教えを乞うこともありますが，どんな生徒がいつどんなきっかけで自殺を選ぶのか，明確な答えはありません。自死行為に及んでしまった当事者についても，希死念慮はなかったとする例もあります。同様な環境で同様な刺激を受けた同年齢の子どもが，同じく自殺を選ぶわけではありません。つまり，どんな生徒にもそのリスクはあるということになります。

行為としての自殺

自殺に追い込まれる，という言い方があります。その言葉を使うことで加害者を特定したい思いが見え隠れします。自殺という行為を実行する当事者が追い込

まれているのは確かですが，追い込んだ者が実体として存在しないと考えてみると一つ理解が進むことがあります。自殺という行為を実行する当事者の心の中に存在する「追い込む者」が，当事者自身を追い詰め，何かのきっかけを経て行為に至らせると仮定すれば，「きっかけ」の方ではない，心の中の「追い込む者」を無害化する手立てを講じる方が大切です。当事者自身，自分の心の中の「追い込む者」が何ものなのか認識できていないことが多いのに，それをより早く見つけてあげなければなりません。妄想にも思えるような心の中の加害者を「けっして怖いものではないよ」と安心させる手立てなども考えていかなければなりません。

　もちろんこれは簡単なことではありません。担任が一人で取り組もうなどと大それたことをしてはいけません。学校はそのために外部機関とも連携したチームで運営されています。また，多くの学校が生徒個々の心理状況を知るための記述式調査や，不適応や不登校，いじめ被害を早期発見するための Q-U テスト等を年間に数回実施します。また，スクールカウンセラー（以下 SC）による全員面接，授業観察などを通じて得る情報を共有し，教員による声かけや面談も意図的に実施されます。また，十数年間培ってきた心の中のネガティブな生き物はたいへん手強い相手です。未成年の子どもが自らを追い込む者の存在に気付いて自主的に相談の場を訪れることは少なく，SC が相談室で座って待っていても本当に相談の必要な中高生は来室しません。医療や心理の分野における，子どもの意思を大事にする理念も理解できますが，教育現場では子どもの意思にかかわらずカウンセリングや相談を強く勧めなければならない場合もあります。必要性について複数の教員等が検討し，管理職の責任において判断しますが強制力はありません。

　自殺という行為が未遂にせよ起きてしまったとき，現場の教員には，「なぜ？」の思いを抑えつけながら，当事者を慮りつつ，「最悪の事態を想定・慎重な対応・素早い対応・誠意ある対応・組織的な対応」に則って行動し，できる限り周囲への影響を最小限にとどめる行動をとります。当事者や周囲の人権を侵さず，ショックを長くひきずる生徒を増やさぬ気遣いが求められます。自然災害同様，当事者含め，教育現場にいる生徒と教員の日常を早く取り戻すことも現場の使命でもあります。素早く SC 含め関係機関の助力を仰ぎ，生徒に寄り添う相談活動につなげていきます。

　子どもの自殺に身近に関わった場合，子どもも大人も，夜も眠れず，自責の念にかられ，心が折れそうになります。冒頭で，教員は自分の苦しみを苦しんでいる場合ではないと申しましたが，共に苦しむことはできます。皆で思いを共有しましょう。また，思いを受け入れてくれる人，そばで力づけてくれる人の存在も学校内に必要です。やがて，「かさぶたがとれるように」時間がたてば平常心を取り戻せると信じ，丁寧に新たな日常を積み上げていくのみ，と考えます。

引用文献

【第 1 章】

明里 康弘（2007）．どんな学級にも使えるエンカウンター 20 選 中学校　図書文化社

Bateson, G.（1972）. *Steps to an ecology of mind: Collected essays in anthropology, psychiatry, evolution, and epistemology.* Jason Aronson.

de Shazer, S., Dolan, Y., Korman, H., McCollum, E., Trepper, T., & Berg, I. K.（2007）. *More than miracles: The state of the art of solution-focused brief therapy.* Haworth Press.

中央教育審議会（2015）．「チームとしての学校の在り方と今後の改善方策」（答申）　Retrieved March 30, 2023 from https://www.mext.go.jp/b_menu/shingi/chukyo/chukyo0/toushin/__icsFiles/afieldfile/2016/02/05/1365657_00.pdf

花田 里欧子（2015）．クレームを持つ保護者と会う教師へのコンサルテーション――家庭と学校の連携のために――　家族心理学年報, *33*, 49–58.

長谷川 啓三（2005）．ソリューション・バンク――ブリーフセラピーの哲学と新展開――　金子書房

家近 早苗（2018）．教師が変わるコーディネーション委員会　水野 治久・家近 早苗・石隈 利紀（編）　チーム学校での効果的な援助―学校心理学の最前線（pp. 188–199）　ナカニシヤ出版

伊藤 美奈子（2011）．スクールカウンセラー事業の歴史　春日井 敏之・伊藤 美奈子（編）　よくわかる教育相談（pp. 164–165）　ミネルヴァ書房

伊藤 拓（2021）．ソリューション・フォーカスト・ブリーフセラピーの効果的な実践に関する研究――誤った実践に陥らずに解決構築するためのポイント　ナカニシヤ出版

国立成育医療研究センター コロナ×こども本部（2020）．コロナ×こどもアンケートその 3 おとなたちへのおねがい・アドバイス　Retrieved March 26, 2023 from https://www.ncchd.go.jp/center/activity/covid19_kodomo/report/CxC3_Cfree_20201028MH2.pdf

教育相談等に関する調査研究協力者会議（2017）．児童生徒の教育相談の充実について～学校の教育力を高める組織的な教育相談体制作り～（報告）　Retrieved March 30, 2023 from https://www.mext.go.jp/b_menu/shingi/chousa/shotou/120/shiryo/__icsFiles/afieldfile/2016/11/07/1378590_1.pdf

文部科学省（2010）．生徒指導提要　教育図書

文部科学省（2022a）．令和 3 年度 児童生徒の問題行動・不登校等生徒指導上の諸課題に関する調査結果について　Retrieved March 18, 2023 from https://www.mext.go.jp/content/20221021-mxt_jidou02-100002753_1.pdf

文部科学省（2022b）．生徒指導提要　東洋館出版社

守谷賢二（2016）．教育相談の歴史と対象　斎藤富由起・守谷賢二（編）　教育相談の最前線――歴史・理論・実践――（pp. 2–8）　八千代出版

日本ブリーフセラピー協会ホームページ　Retrieved June 12, 2023 from https://brieftherapy-japan.com/about/brieftherapy/

日本学校保健会（2018）．保健室利用状況に関する調査報告書 平成 28 年度調査結果 公益財団法人 日本学校保健会

内閣府（2021）．子供・若者育成支援推進大綱（第 8 回 子ども・若者育成支援推進本部決定）　Retrieved March 26, 2023 from https://www8.cao.go.jp/youth/suisin/kwhonbu/index.html

日本教育カウンセラー協会（2001）．ピアヘルパーハンドブック――友達をヘルプするカウンセリング――　図書文化社

大塚 美和子・西野 緑・峯本 耕治（2020）．「チーム学校」を実現するスクールソーシャルワーク――理論と実践をつなぐメゾ・アプローチの展開――　明石書店

Racine, N., McArthur, B. A., Cooke, J. E., Eirich, R., Zhu, J., & Madigan, S.（2021）. Global prevalence of depressive and anxiety symptoms in children and adolescents during COVID-19: A meta-analysis. *JAMA Pediatrics, 175*, 1142–1150.

佐治 守夫（2006）．カウンセラーの「こころ」　みすず書房

若島 孔文・長谷川 啓三（2018）．新版よくわかる！短期療法ガイドブック　金剛出版

Watzlawick, P., Bavelas, J. B., & Jackson, D. D.（1967）. *Pragmatics of human communication: A study of interactional patterns, pathologies, and paradoxes.* New York: W. W. Norton.（ワツラウィック, P., バーベラス, J. B., & ジャクソン, D. B.　山本 和郎（監訳）（1998）．人間コミュニケーションの語用論――相互作用パターン，病理とパラドックスの研究――　二瓶社）

【第 2 章】

Bowlby, J.（1969）. *Attachment and loss, vol. 1: Attachment.* New York: Basic Books.（ボウルビィ, J.　黒田 実郎他（訳）（1975）．母子関係の理論 1：愛着行動　岩崎学術出版社）

Erikson, E. H.（1950）. *Childhood and society.* New York: Norton.（エリクソン, E. H.　仁科 弥生（訳）（1977, 1980）．幼児期と社会 I・II　みすず書房）

Marcia, J. E.（1966）. Development and validation of ego-identity status. *Journal of Personality and Social Psychology, 3*, 551–558.

村瀬 孝雄（1984）．青年期危機説への反証　島薗 安雄他（編）　思春期の危機（精神科 MOOK6）（pp. 30–36）　金原出版

Parten, M. B.（1932）. Social participation among preschool children. *Journal of Abnormal and Social Psychology, 27*, 243–269.

Piaget, J.（1956）. *Problèmes de psychologie génétique.* Paris: Denoël/Gonthier.（ピアジェ, J.　芳賀 純（訳）（1975）．発生的心理学：子どもの発達の条件　誠信書房）

Premack, D., & Woodruff, G.（1978）. Does the chimpanzee have a theory of mind? *Behavioral and Brain Sciences, 1*, 515–526.

Selman, R. L.（1976）. The development of social-cognitive understanding: A guide to educational and clinical practice. In T. Lickona（Ed.）, *Morality: Theory, research, and intervention.* New York: Holt, Rinehart & Winston.

Super, D. E.（1957）. *The psychology of careers: An introduction to vocational development.* New York: Harper & Brothers.（スーパー, D. E.　日本職業指導学会（訳）（1960）．職業生活の心理学：職業経歴と職業的発達　誠信書房）

都筑 学（2007）．大学生の進路選択と時間的展望：縦断的調査にもとづく検討　ナカニシヤ出版

【第3章】

Engel, G. L. (1980). The clinical application of the biopsychosocial model. *American Journal of Psychiatry, 137*(5), 535–544.

本田 真大 (2015). 援助要請のカウンセリング：「助けて」と言えない子どもと親への援助　金子書房

石隈 利紀 (1999). 学校心理学：教師・スクールカウンセラー・保護者のチームによる心理教育的援助サービス　誠信書房

文部科学省 (2022). 生徒指導提要　東洋館出版社

文部科学省 (2023). 誰一人取り残されない学びの保障に向けた不登校対策（COCOLO プラン）Retrieved March 31, 2023 from https://www.mext.go.jp/a_menu/shotou/seitoshidou/1397802_00005.htm

Ross, L. (1977). The intuitive psychologist and his shortcomings: Distortions in the attribution process. *Advances in Experimental Social Psychology, 10*, 173–220.

東京都教育委員会 (2018). 児童・生徒を支援するためのガイドブック：不登校への適切な対応に向けて　Retrieved March 31, 2023 from https://www.kyoiku.metro.tokyo.lg.jp/press/press_release/2018/release20181213_01.html

【第4章】

Broadwin, I. T. (1932). A contribution to the study of truancy. *American Journal of Orthopsychiatry, 2*, 253–259. http://dx.doi.org/10.1111/j.1939-0025.1932.tb05183.x

法務省 (2022). 令和 4 年版犯罪白書

Johnson, A. M., Falstein, E. I., Szurek, S. A., & Svendsen, M. (1941). School phobia. *American Journal of Orthopsychiatry, 11*, 702–711.

金澤 ますみ (2019). 非行行為のある子どもへの指導・援助　朝倉 隆司（監修）竹鼻 ゆかり・馬場 幸子（編著）教師のためのスクールソーシャルワーカー入門　大修館書店

厚生労働省 (2021). 令和 3 年度 児童相談所での児童虐待相談対応件数（速報値）Retrieved March 31, 2023 from https://www.mhlw.go.jp/content/11900000/000987725.pdf

文部科学省 (2009). 児童生徒の教育相談の充実について（報告）―生き生きとした子どもを育てる相談体制づくり―　Retrieved March 31, 2023 from https://www.mext.go.jp/b_menu/shingi/chousa/shotou/066/gaiyou/1287754.htm

文部科学省 (2016). フリースクール等との連携に関する実態調査について　Retrieved March 19, 2023 from https://www.mext.go.jp/b_menu/shingi/chousa/shotou/107/shiryo/__icsFiles/afieldfile/2016/07/19/1372782_03.pdf

文部科学省 (2017). 義務教育の段階における普通教育に相当する教育の機会の確保等に関する法律（平成 28 年法律第 105 号）Retrieved March 19, 2023 from https://www.mext.go.jp/a_menu/shotou/seitoshidou/1380960.htm

文部科学省 (2018). 児童生徒理解・支援シート（参考様式）Retrieved March 19, 2023 from https://www.mext.go.jp/a_menu/shotou/seitoshidou/__icsFiles/afieldfile/2018/05/24/1405493_002.pdf

文部科学省 (2019). 不登校児童生徒への支援の在り方について（通知）Retrieved March 19, 2023 from https://www.mext.go.jp/a_menu/shotou/seitoshidou/1422155.htm

文部科学省 (2022). 令和 3 年度 児童生徒の問題行動・不登校等生徒指導上の諸課題に関する調査結果について　Retrieved March 19, 2023 from https://www.mext.go.jp/content/20221021-mxt_jidou02-100002753_1.pdf

文部科学省 (2023). 誰一人取り残されない学びの保障に向けた不登校対策（COCOLO プラン）について　Retrieved March 31, 2023 from https://www.mext.go.jp/a_menu/shotou/seitoshidou/1397802_00005.htm

東京都福祉保健局 東京都児童相談センター・児童相談所　Retrieved March 19, 2023 from https://www.fukushihoken.metro.tokyo.lg.jp/jicen/annai/soudan.html

【第5章】

Allport, F. H. (1924). *Social psychology*. Boston, MA: Houghton Mifflin.

広島県教育委員会 (2013). 保護者，地域と学校の協力のために―保護者等対応事例集　Retrieved March 31, 2023 from https://www.pref.hiroshima.lg.jp/uploaded/attachment/115228.pdf

伊藤 亜矢子 (2022). いじめ―シグナルに気づく―　中澤 潤（編）よくわかる教育心理学　第 2 版（pp. 158–159）ミネルヴァ書房

河村 茂雄 (2006). 学級経営に生かすカウンセリングワークブック　金子書房

水野 治久 (2016). いじめ被害を受けた児童生徒の早期発見と対応―いじめ被害者の被援助志向性を考慮した援助とは―　指導と評価, *62*(7), 6–8.

水谷 聡秀・雨宮 俊彦 (2015). 小中高時代のいじめ被害経験が大学生の自尊感情と Well-Being に与える影響　教育心理学研究, *63*(2), 102–110.

森田 洋司・清永 賢二 (1986). いじめ―教室の病い　金子書房

斎藤 環 (2022). いじめ被害の心的影響と加害者処罰の必要性　斎藤 環・内田 良 (2022). いじめ加害者にどう対応するか―処罰と被害者優先のケア―（pp. 24–38）岩波書店

Takizawa, R., Maughan, B., & Arseneault, L. (2014). Adult health outcomes of childhood bullying victimization: Evidence from a five-decade longitudinal British birth cohort. *American Journal of Psychiatry, 171*(7), 777–784.

戸田 有一・ダグマー・ストロマイヤ・クリスチアーナ＝スピール (2008). 人をおいつめるいじめ――集団化と無力化のプロセス――　加藤 司・谷口 弘一（編）対人関係のダークサイド（pp. 117–131）北大路書房

内田 良 (2022). いじめ加害者対応の難しさ―制度のハードルと被害者の「やさしい排除」―　斎藤 環・内田 良 (2022). いじめ加害者にどう対応するか―処罰と被害者優先のケア―（pp. 6–23）岩波書店

山田 由紀子 (2016). 法律から見たいじめ問題，暴力問題―いじめ防止対策推進法をこう活かす―　指導と評価, *62*(7), 24–26.

【第6章】

松村 暢隆 (2021). 才能教育・2E 教育概論―ギフテッドの発達多様性を活かす　東信堂

文部科学省　障害者の権利に関する条約について　Retrieved March 23, 2023 from https://www.mext.go.jp/b_menu/shingi/chousa/shotou/054/shiryo/08081901/008.htm

文部科学省 (2012). 共生社会の形成に向けたインクルーシブ教育システム構築のための特別支援教育の推進（報告）Retrieved March 23, 2023 from https://www.mext.go.jp/b_menu/shingi/chukyo/chukyo3/044/houkoku/1321667.htm

文部科学省（2019a）．かすたねっと　Retrieved March 31, 2023 from https://casta-net.mext.go.jp/

文部科学省（2019b）．子どもの貧困対策に関する法律（平成 25 年法律第 64 号），子どもの貧困対策の推進に関する法律の一部を改正する法律（令和元年法律第 41 号），子供の貧困対策に関する大綱（令和元年 11 月 29 日閣議決定）　Retrieved March 8, 2023 from https://www.mext.go.jp/a_menu/shougai/kodomo-hinkontaisaku/1369104.htm

文部科学省（2020）．外国人の子供の就学状況等調査結果（確定値）概要　Retrieved March 10, 2023 from https://www.mext.go.jp/content/20200326-mxt_kyousei01-000006114_01.pdf

文部科学省（2021a）．障害のある子供の教育支援の手引—子供たち一人一人の教育的ニーズを踏まえた学びの充実に向けて　Retrieved January 9, 2023 from https://www.mext.go.jp/a_menu/shotou/tokubetu/material/1340250_00001.htm

文部科学省（2021b）．「令和の日本型学校教育」の構築を目指して—全ての子供たちの可能性を引き出す，個別最適な学びと，協働的な学びの実現（答申）（中教審第 228 号）　Retrieved March 18, 2023 from https://www.mext.go.jp/b_menu/shingi/chukyo/chukyo3/079/sonota/1412985_00002.htm

文部科学省（2022a）．通常の学級に在籍する特別な教育的支援を必要とする児童生徒に関する調査結果について　Retrieved March 31, 2023 from https://www.mext.go.jp/b_menu/houdou/2022/1421569_00005.htm

文部科学省（2022b）．特定分野に特異な才能のある児童生徒に対する学校における指導・支援の在り方等に関する有識者会議　論点整理（令和 3 年 12 月 17 日）　Retrieved March 10, 2023 from https://www.mext.go.jp/content/20220928-mxt_kyoiku02_000016594_03.pdf

文部科学省（2022c）．日本語指導が必要な児童生徒の受入状況等に関する調査（令和 3 年度）　Retrieved March 18, 2023 from https://www.mext.go.jp/b_menu/houdou/31/09/1421569_00004.htm

文部科学省（2022d）．外国人の子供の就学状況等調査（令和 3 年度）の結果について　Retrieved March 10, 2023 from https://www.mext.go.jp/b_menu/houdou/31/09/1421568_00002.htm

Plenty, S., & Jonsson, J. (2017). Social exclusion among peers: The role of immigrant status and classroom immigrant density. *Journal of Youth and Adolescence, 46*, 1275–1288.

政府広報オンライン（2023）．"こどもの貧困"は社会全体の問題　こどもの未来を応援するためにできること　Retrieved March 31, 2023 from https://www.gov-online.go.jp/useful/article/202303/3.html#firsrSection

谷　邦彦（2021）．日本聾話学校中学部での ICT 活用教育の現状—コロナ禍におけるオンライン授業の取組と ICT 活用教育の今後の展望について　聴覚障害，*788*, 46–51.

東京都教育委員会（2021）．特別支援教室の運営ガイドライン　Retrieved March 31, 2023 from https://www.kyoiku.metro.tokyo.lg.jp/school/primary_and_junior_high/special_class/files/guideline/01.pdf

【第 7 章】

藤井　俊・栢森　和重（2022）．小学校における同僚性に基づいた教師間連携の研究　三重大学教育学部研究紀要，*73*, 453–465.

桂　雅宏（2016）．ARMS：日常臨床適用への課題　専門外来の立場から　予防精神医学，*1*(1), 53–67.

桂　雅宏（2019）．精神病発症ハイリスク群の絞り込み戦略—欧州における動向を中心に　予防精神医学，*4*(1), 41–50.

北山　修（1993）．北山修著作集　日本語臨床の深層　第 2 巻　言葉の橋渡し機能およびその壁　岩崎学術出版社

厚生労働省健康局健康課栄養指導室（2019）．国民健康・栄養調査結果の概要

黒川　勝巳・園生　雅弘（2019）．〈ジェネラリスト BOOKS〉"問診力"で見逃さない神経症状　医学書院

長尾　博（2000）．改訂　学校カウンセリング—新しい学校教育にむけて—　ナカニシヤ出版

須賀　英道（2017）．特集　統合失調症再考（1）　統合失調症の減少と軽症化はあるのか　精神医学，*59*(11), 1019–1027.

関崎　亮（2016）．教育現場と ARMS　最新精神医学，*21*(6), 459–466.

清家　かおる・中里　道子・花澤　寿・石川　慎一・河邉　憲太郎・堀内　史枝・高宮　静男（2018）．学校における摂食障害の児童・生徒の早期発見と支援のためのアンケート調査に関する研究—4 県の養護教諭を対象とした質問紙調査より—　児童青年精神医学とその近接領域，*59*(4), 461–473.

清水　里美（2018）．保護者・学校・医療の同時面談システム　児童青年精神医学とその近接領域，*59*(4), 409–412.

下田　桃子・武内　珠美（2016）．小学校教師のバーンアウトの実態・経過と支援・予防に関する研究—2 人の中年女性教師の疲弊についての語りから—　大分大学教育福祉科学部教育実践総合センター紀要，*33*, 65–80.

田中　志帆・山崎　愛実（2020）．発達障害の心理検査によるアセスメント—ADHD，自閉症スペクトラム障害，限局性学習障害をどう理解するか？—　文教大学臨床相談研究所紀要，*24*, 11–26.

内海　健（2017）．特集　統合失調症再考（1）　軽症化時代における統合失調症の精神病理—7 つのアレゴリーにもとづく変奏　精神医学，*59*(11), 1011–1018.

安岡　譽（2004）．自傷する人たち—医療機関への紹介への見極め　川谷大治（編）　現代のエスプリ 443　自傷　リストカットを中心に（pp. 177–187）　至文堂

Yung, A. R., McGorry, P. D., McFarlane, C. A., Jackson, H. J., Patton, G. C., & Rakkar, A. (1996). Monitoring and care of young people at incipient risk of psychosis. *Schizophrenia Bulletin, 22*(2), 283–303.

【第 8 章】

明里　康弘（2007）．どんな学級にも使えるエンカウンター 20 選　中学校　図書文化社

Alberto, P. A., & Troutman, A. C. (1999). *Applied behavior analysis for teachers* (5th ed.). Upper Saddle River, NJ: Merrill/Prentice-Hall.（アルバート，P. A., & トルートマン，A. C.　佐久間　徹・谷　晋二・大野　裕史（訳）（2004）．はじめての応用行動分析（日本語版第 2 版）　二瓶社）

江花　昭一（2021）．虐待・いじめ・不登校の交流分析——親子と教師に役立つ心理学　岩崎学術出版社

Erickson, M. H., & Rossi, E. L. (1981). *Experiencing hypnosis: Therapeutic approaches to altered states.* New York: Irvington Publishers.（エリクソン，M. H., ロッシ，E. L., ロッシ，S. I.　横井　勝美（訳）（2016）．ミルトン・エリクソンの催眠の現実——臨床催眠と間接暗示の手引き——　金剛出版）

Freud, S. (1923). *The ego and the id.* SE19.（フロイト，S.　小此木啓吾（訳）（1970）．自我とエス　フロイト著作集 6　人文書院）

Freud, S. (1940). *Vorlesungen zur Einführung in die Psychoanalyse: Neue Folge der Vorlesungen zur Einführung in die Psychoanalyse.* Gesammelte Werke, Bd. XI, XV. London: Imago Publishing.（フロイト，S.　髙橋　義孝・下坂　幸三（訳）（1977）．精神分析入門（上）（下）　新潮社）

福島 章（1990）．総論　小此木 啓吾・成瀬 悟策・福島 章（編）臨床心理学大系　第7巻　心理療法①（pp.1-35）金子書房

畠瀬 稔（1990）．クライエント中心療法　小此木 啓吾・成瀬 悟策・福島 章（編）臨床心理学大系　第7巻　心理療法①（pp.163-186）金子書房

Hayes, S. C., Follette, V. M., & Linehan, M. M. (Eds.) (2004). *Mindfulness and acceptance: Expanding the cognitive-behavioral tradition*. The Guilford Press.

平木 典子（1993）．アサーショントレーニング──さわやかな「自己表現」のために──　日本・精神技術研究所

平木 典子（2012）．アサーション入門──自分も相手も大切にする自己表現法──　講談社

保坂 亨（1997）．ロジャーズの治療理論　久能 徹・末松 康弘・保坂 亨・諸富 祥彦（著）ロジャーズを読む（p.96-114）岩崎学術出版社

北山 修（2018）．精神分析とは何か　古賀 靖彦（編者代表）日本精神分析協会精神分析インスティテュート福岡支部（編）現代精神分析基礎講座　第1巻　精神分析の基礎（pp.15-32）金剛出版

小林 正幸（2021）．ソーシャルスキルを育む　小林 正幸・橋本 創一・松尾 直博（編）教師のための学校カウンセリング　改訂版（pp.116-138）有斐閣

國分 康孝（1981）．エンカウンター──心とこころのふれあい──　誠信書房

國分 康孝（1983）．カウンセリング教授法　誠信書房

國分 康孝（1995）．教師の生き方・考え方　金子書房

國分 康孝（1996）．ポジティブ教師の自己管理術──教師のメンタルヘルス向上宣言　誠信書房

國分 康孝（監修）國分 久子・飯野 哲朗・八巻 寛治・林 伸一・築瀬 のり子（編）（1999）．エンカウンターで学級が変わる──ショートエクササイズ集──　図書文化社

國分 康孝・國分 久子（総編集）（2004）．構成的グループエンカウンター事典　図書文化社

國分 康孝・片野 賢治（2001）．構成的グループ・エンカウンターの原理と進め方　誠信書房

Lazarus, R. S., & Folkman, S. (1984). *Stress, appraisal and coping*. New York: Springer. （ラザルス，R. S. & フォルクマン，S.　本明 寛・春木 豊・織田 正美（訳）（1991）．ストレスの心理学　実務教育出版）

Lewin, K. (1951). *Field theory in social science: Selected theoretical papers*. Harper and Brothers. （レヴィン，K.　猪股 佐登留（訳）（1956）．社会科学における場の理論　誠信書房）

文部科学省（2022）．生徒指導提要　東洋館出版社

文部科学省不登校問題に関する調査研究協力者会議（2003）．今後の不登校への対応の在り方について（報告）Retrieved March 26, 2023 from https://iss.ndl.go.jp/books/R000000004-I6643988-00

文部省（1992）．学校不適応対策調査研究協力者会議報告登校拒否（不登校）問題について：児童生徒の「心の居場所」づくりを目指して　Retrieved March 26, 2023 from https://iss.ndl.go.jp/books/R100000002-I000002191472-00

中尾 智博（2021）．うつ病・不安症の理解と治療　福岡醫学雑誌，*112*, 13-22.

名島 潤慈・鑪 幹八郎（1990）．精神分析学　小此木 啓吾・成瀬 悟策・福島 章（編）臨床心理学大系　第7巻　心理療法①（pp.65-91）金子書房

日本学校教育相談学会刊行図書編集委員会（編著）（2006）．学校教育相談学ハンドブック　ほんの森出版

日本マインドフルネス学会ホームページ　Retrieved June 20, 2023 from https://mindfulness.smoosy.atlas.jp/ja

西村 勇人（2013）．長期不登校児への認知行動療法的介入　行動療法研究，*39*, 45-54.

庭山 和貴・松見 淳子（2016）．自己記録手続きを用いた教師の言語的賞賛の増加が児童の授業参加行動に及ぼす効果　教育心理学研究，*64*, 598-609.

O'Hanlon, W. H. (1987). *TAPROOTS: Underlying principles of Milton Erickson's therapy and hypnosis*. W. W. Norton. （オハンロン，W. H.　森 俊夫・菊池 安希子（訳）（1995）．ミルトン・エリクソン入門　金剛出版）

大野 裕・田中 克俊（著・監修）（2017）．保健，医療，福祉，教育にいかす簡易型認知行動療法実践マニュアル　きずな出版

大塚 美和子・西野 緑・峯本 耕治（2020）．「チーム学校」を実現するスクールソーシャルワーク──理論と実践をつなぐメゾ・アプローチの展開──　明石書店

坂野 雄二（2020）．心身医学を専門とする医師に知ってもらいたいこと　心身医学，*60*, 695-701.

坂野 雄二・上里 一郎（1990）．行動療法と認知行動療法　小此木 啓吾・成瀬 悟策・福島 章（編）臨床心理学大系　第7巻　心理療法①（pp.201-238）金子書房

Selye, H. (1956). *The stress of life*. McGraw-Hill Book Company. （セリエ，H.　杉 靖三郎・田多井 吉之助・藤井 尚治・竹宮 隆（訳）（1974）．現代生活とストレス　法政大学出版局）

鈴木 智美（2018）．無意識の発見　古賀 靖彦（編者代表）日本精神分析協会精神分析インスティテュート福岡支部（編）現代精神分析基礎講座　第1巻　精神分析の基礎（pp.89-106）金剛出版

田村 修一（2016）．教師のバーンアウト　日本学校心理学会（編）学校心理学ハンドブック第2版──「チーム」学校の充実をめざして──（pp.208-209）教育出版

田村 修一・石隈 利紀（2001）．指導・援助サービス上の悩みにおける中学校教師の被援助志向性に関する研究──バーンアウトとの関連に焦点をあてて──　教育心理学研究，*49*, 438-448.

谷口 知子（2021）．認知行動療法〔ベーシック〕コミュニケーションのあり方と効果的なカウンセリングスキル　金子書房

山田 俊介（2023）．カウンセラーの一致の意義と課題──カウンセラーがありのままであるということ──　香川大学大学院医学系研究科臨床心理学専攻心理臨床相談室紀要，*2*, 25-41.

【第9章】

小林 正幸（2021）．教師が行うカウンセリング　小林 正幸・橋本 創一・松尾 直博（編）教師のための学校カウンセリング　改訂版（pp.3-21）有斐閣

文部科学省（2012）．通常の学級に在籍する発達障害の可能性のある特別な教育的支援を必要とする児童生徒に関する調査結果について

文部科学省（2017）．児童生徒の教育相談の充実について──学校の教育力を高める組織的な教育相談体制づくり──（報告）Retrieved March 31, 2023 from https://www.mext.go.jp/component/b_menu/shingi/toushin/__icsFiles/afieldfile/2010/01/12/1287754_1_2.pdf

文部科学省（2022a）．通常の学級に在籍する特別な教育的支援を必要とする児童生徒に関する調査結果について　Retrieved

March 31, 2023 from https://www.mext.go.jp/content/20221208-mext-tokubetu01-000026255_01.pdf

文部科学省（2022b）．令和3年度　児童生徒の問題行動・不登校等生徒指導上の諸課題に関する調査結果について　Retrieved May 19, 2023 from chrome-extension://efaidnbmnnnibpcajpcglclefindmkaj/https://www.mext.go.jp/content/20221021-mxt_jidou02-100002753_1.pdf

東京都教育庁指導部（2021）．学校サポートチームによる健全育成の推進について

東京都教育委員会（2020）．令和2年度スクールカウンセラー活用事業報告

東京都教育委員会（2021）．特別支援教室の運営ガイドライン　Retrieved March 31, 2023 from https://www.kyoiku.metro.tokyo.lg.jp/school/primary_and_junior_high/special_class/files/guideline/01.pdf

杉並区教育委員会済美教育センター（2022）．杉並区スクールソーシャルワーカー（School Social Worker）のご案内」Retrieved March 17, 2023 from https://www.city.suginami.tokyo.jp/seibi/soudan/1029064.html

山野　則子・野田　正人・半羽　利美佳（編著）（2016）．よくわかるスクールソーシャルワーク［第2版］（やわらかアカデミズム・〈わかる〉シリーズ）　ミネルヴァ書房

【第10章】

浅野　智彦（2006）．若者論の失われた十年　浅野智彦（編）　検証・若者の変貌―失われた十年の後に―（pp. 1-36）　勁草書房

土井　隆義（2008）．友だち地獄―「空気を読む」世代のサバイバル―　筑摩書房

Garandeau, C., Lee, I., & Salmivalli, C. (2014). Inequality matters: Classroom status hierarchy and adolescents' bullying. *Journal of Youth and Adolescence, 43*, 1123-1133.

稲垣　勉・有倉　巳幸・神山　貴弥（2022）．学級集団の階層性を測定する手法の開発（2）―学級内地位認知と一般的信頼感およびコミュニケーション能力との関連―　日本社会心理学会第63回大会発表論文集，255.

Janis, I. L. (1972). *Victims of groupthink.* Boston, MA: Houghton Mifflin.

河村　茂雄（2012）．学級集団づくりのゼロ段階　図書文化社

黒沢　幸子（2002）．指導・援助に役立つスクールカウンセリング・ワークブック　金子書房

Laninga-Wijnen, L., Harakeh, Z., Garandeau, C., Dijkstra, J. K., Veenstra, R., & Vollebergh, W. A. M. (2019). Classroom popularity hierarchy predicts prosocial and aggressive popularity norms across the school year. *Child Development, 90*(5), e637-e653.

水野　君平・加藤　弘通・川田　学（2015）．中学生における「スクールカースト」とコミュニケーション・スキル及び学校適応感の関係―教室内における個人の地位と集団の地位という視点から―　子ども発達臨床研究，*7*，13-22.

大嶽　さと子（2007）．「ひとりぼっち回避規範」が中学生女子の対人関係に及ぼす影響―面接データに基づく女子グループの事例的考察―　カウンセリング研究，*40*，267-277.

大嶽　さと子・植村　善太郎・吉田　俊和（2006）．「ひとりぼっち回避規範」と学校適応感との関連―対人葛藤方略に着目して―　日本グループ・ダイナミックス学会第53回大会発表論文集，150-151.

鈴木　翔（2012）．教室内（スクール）カースト　光文社

有倉　巳幸（2012）．中学生の仲間集団の排他性に関する研究　鹿児島大学教育学部研究紀要（教育科学編），*63*，29-41.

有倉　巳幸（2017）．学級内地位認知に関する研究　鹿児島大学教育学部教育実践研究紀要，*26*，33-42.

【第11章】

Baron, A. S., & Banaji, M. R. (2006). The development of implicit attitudes: Evidence of race evaluations from ages 6 and 10 and adulthood. *Psychological Science, 17*(1), 53-58.

Greenwald, A. G., McGhee, D. E., & Schwartz, J. L. K. (1998). Measuring individual differences in implicit cognition: The Implicit Association Test. *Journal of Personality and Social Psychology, 74*(6), 1464-1480.

堀川　裕介・橋元　良明・千葉　直子・関　良明・原田　悠輔（2013）．スマートフォンによる青少年のインターネット依存および親子関係と依存の関連　社会情報学会（SSI）学会大会研究発表論文集，101-106.

稲垣　俊介・和田　裕一・堀田　龍也（2016）．高校生におけるインターネット依存傾向と学校生活スキルの関連性とその性差　日本教育工学会誌，*40*(Suppl.)，109-112.

稲垣　勉・澤田　匡人（2022）．中学生のいじめに対する態度がいじめ関与行動に及ぼす影響――いじめIAT作成の試み――　学習院女子大学紀要，*24*，71-89.

加納　寛子（2016）．ネットいじめとは　加納　寛子（編）　ネットいじめの構造と対処・予防（pp. 30-66）　金子書房

モバイル研究所（2022a）．LINE利用率8割超え：10～50代まで8～9割が利用　Retrieved April 13, 2023 from https://www.moba-ken.jp/project/service/20220516.html

モバイル研究所（2022b）．SNSの利用上昇傾向　中学生では9割を超える　Retrieved April 13, 2023 from https://www.moba-ken.jp/project/children/kodomo20220404.html

モバイル研究所（2023）．スマートフォン比率96.3%に：2010年は約4%　ここ10年で急速に普及　Retrieved April 13, 2023 from https://www.moba-ken.jp/project/mobile/20230410.html

文部科学省（2022a）．生徒指導提要　改訂版　Retrieved April 13, 2023 from https://www.mext.go.jp/content/20230220-mxt_jidou01-000024699-201-1.pdf

文部科学省（2022b）．児童生徒の問題行動・不登校等生徒指導上の諸課題に関する調査　Retrieved April 13, 2023 from https://www.mext.go.jp/a_menu/shotou/seitoshidou/1302902.htm

Qian, M. K., Heyman, G. D., Quinn, P. C., Messi, F. A., Fu, G., & Lee, K. (2016). Implicit racial biases in preschool children and adults from Asia and Africa. *Child Development, 87*(1), 285-296.

坂本　理香（2019）．高校生のネガティブな個人要因と睡眠との関連　日本教育心理学会総会発表論文集，335.

佐野　碧・岩佐　一・森山　信彰・中山　千尋・宍戸　由美子・安村　誠司（2022）．中学生・高校生におけるメディア利用時間と主観的健康感の関連　日本公衆衛生雑誌，*69*(11)，895-902.

総務省（2021a）．令和3年版情報通信白書　Retrieved April 13, 2023 from https://www.soumu.go.jp/johotsusintokei/whitepaper/ja/r03/pdf/01honpen.pdf

総務省（2021b）．令和2年度　情報通信メディアの利用時間と情報行動に関する調査報告書　Retrieved April 13, 2023 from https://www.soumu.go.jp/main_content/000765258.pdf

総務省（2023）．実際に起きていることでネットの使い方を考えよう！インターネットトラブル事例集 2023年版　Retrieved April

13, 2023 from https://www.soumu.go.jp/use_the_internet_wisely/trouble/

内海 しょか（2010）．中学生のネットいじめ，いじめられ体験——親の統制に対する子どもの認知，および関係性攻撃との関連—— 教育心理学研究，*58*(1)，12-22.

横濱 友一（2021）．脱受動的ネット利用 指導と評価，*67*(1)，26-28.

【第 12 章】

赤澤 淳子・井ノ崎 敦子・上野 淳子・下村 淳子・松並 知子（2021）．デート DV 第 1 次予防プログラムの開発と効果検証——高校生を対象として—— 心理学研究，*92*，248-256.

Brock, S. E., Lazarus, P. J., & Jimerson, S. R. (2002). *Best practices in school crisis prevention and intervention*. National Association of School Psychologist.

Erikson, E. H. (1968). *Identity, youth, and crisis*. New York: Norton.（エリクソン，E. H.　中島 由恵（訳）(2017)．アイデンティティ——青年と危機　新曜社）

Erikson, E. H. (1980). *Identity & the lifecycle*. New York: Norton.（エリクソン，E. H.　西平 直・中島 由恵（訳）(2011)．アイデンティティとライフサイクル　誠信書房）

藤岡 淳子（2006）．性暴力の理解と治療教育　誠信書房

日野林 俊彦・赤井 誠生・安田 純・志澤 康弘・山田 一憲・南 徹弘・糸魚川 直祐（2007）．発達加速現象の研究・その 21 —性別受容と初潮— 日本心理学会大会発表論文集，*71*，110.

野坂 祐子（2010）．デート DV の被害・加害への介入支援　臨床精神医学，*39*，281-286.

伊藤 裕子（2000）．思春期・青年期のジェンダー　伊藤 裕子（編）ジェンダーの発達心理学　ミネルヴァ書房

佐々木 掌子（2018）．中学校における「性の多様性」授業の教育効果　教育心理学研究，*66*，313-326.

佐々木 掌子（2020）．性的マイノリティの子どもたちの心を考える—臨床心理士の立場から—　小児保健研究，*79*，124-128.

Stubbs, M. L., & Costos, D. (2004). Negative attitudes toward menstruation: Implications for disconnection within girls and between women. *Women & Therapy*, *27*, 37-54.

UNESCO (2018). *International technical guideline on sexuality education: An evidence-informed approach* (Revised edition).（ユネスコ（編）浅井 春夫・艮 香織・田代 美江子・福田 和子・渡辺 大輔（訳）(2020)．国際セクシュアリティ教育ガイダンス【改訂版】—科学的根拠に基づいたアプローチー　明石書店）

World Association for Sexual Health (WAS) (2014). WAS Declaration of Sexual Rights 2014 https://worldsexualhealth.net/resources/declaration-of-sexual-rights/（世界性の健康学会　東 優子・中尾 美樹（2015）．翻訳資料 世界性の健康学会『性の権利宣言』 社会問題研究，*64*，59-62.）

【第 13 章】

文部科学省（2003）．在学教育施設安全対策資料　Retrieved March 31, 2023 from https://www.mext.go.jp/a_menu/shotou/clarinet/002/003/010/002.htm

文部科学省（2009）．教師が知っておきたい子どもの自殺予防

文部科学省（2022a）．令和 3 年度児童生徒の問題行動・不登校等生徒指導上の諸課題に関する調査結果の概要　Retrieved March 31, 2023 https://www.mext.go.jp/content/20221021-mxt_jidou02-100002753_2.pdf

文部科学省（2022b）．生徒指導提要　東洋館出版社

東京都教育委員会（2021）．いじめ総合対策【第二次・一部改訂】

東京都教育委員会（2022）．安全教育プログラム第 14 集

東京都教育相談センター（2006）．生命にかかわる事件・事故後の心のケア第 2 版

東京都教育相談センター（2010）．生命にかかわる事件・事故を防ぐために

【コラム 1】

Barak, A., Hen, L., Boniel-Nissim, M., & Shapira, N. (2008). A comprehensive review and a meta-Analysis of the effectiveness of internet-based psychotherapeutic interventions. *Journal of Technology in Human Services*, *26*(2-4), 109-160.

Bouchard, J., & Wong, J. S. (2022). Seeing the forest and the trees: Examining the impact of aggregate measures of recidivism on meta-analytic conclusions of intervention effects. *Criminology & Criminal Justice*, *0*(0) https://doi.org/10.1177/17488958221090577.

Duan, L., & Zhu, G. (2020). Psychological interventions for people affected by the COVID-19 epidemic. *Lancet Psychiatry*, *7*(4), 300-302.

Fu, Z., Burger, H., Arjadi, R., Bockting, C. L. H. (2020). Effectiveness of digital psychological interventions for mental health problems in low-income and middle-income countries: A systematic review and meta-analysis. *Lancet Psychiatry*, *7*(10), 851-864.

Hudon, A., Gaudreau-Ménard, C., Bouchard-Boivin, M., Godin, F., & Cailhol, L. (2022). The use of computer-driven technologies in the treatment of borderline personality disorder: A systematic review. *Journal of Clinical Medicine*, *11*(13), 3685.

Lin, T., Heckman, T. G., & Anderson, T. (2022). The efficacy of synchronous teletherapy versus in-person therapy: A meta-analysis of randomized clinical trials. *Clinical Psychology: Science and Practice*, *29*(2), 167-178.

Lipsey, M. W., & Wilson, D. B. (1993). The efficacy of psychological, educational, and behavioral treatment. Confirmation from meta-analysis. *American Psychologist*, *48*(12), 1181-1209.

文部科学省（2022）．「不登校に関する調査研究協力者会議報告書—今後の不登校児童生徒への学習機会と支援の在り方について—」について　Retrieved March 9, 2023 from https://www.mext.go.jp/content/20220610-mxt_jidou02-000023324-01.pdf

Moshe, I., Terhorst, Y., Philippi, P., Domhardt, M., Cuijpers, P., Cristea, I., Pulkki-Råback, L., Baumeister, H., & Sander, L. B. (2021). Digital interventions for the treatment of depression: A meta-analytic review. *Psychological Bulletin*, *147*(8), 749-786.

Richards, D., & Richardson, T. (2012). Computer-based psychological treatments for depression: A systematic review and meta-analysis. *Clinical Psychology Review*, *32*(4), 329-342.

Robinson, L. A., Berman, J. S., & Neimeyer, R. A. (1990). Psychotherapy for the treatment of depression: a comprehensive review of controlled outcome research. *Psychological Bulletin*, *108*(1), 30-49.

Rosenthal, R. (1991). Meta-analysis: A review. *Psychosomatic Medicine, 53*(3), 247–271.

下山　晴彦（2021）．ICT 活用の心のケアの現在―オンライン心理相談の最前線　精神療法, *47*(3), 287–290.

Smith, M., & Glass, G. (1977). Meta-analysis of psychotherapy outcome studies. *American Psychologist, 32*, 752–760.

【コラム4】

安達　未来（2020）．仮想的有能感が教師への学業的援助要請に及ぼす影響――対人関係における拒絶感受性と孤独感の調整効果に着目して――　教育心理学研究, *68*, 351–359.

速水　敏彦（2006）．他人を見下す若者たち　講談社

速水　敏彦・木野　和代・高木　邦子（2004）．仮想的有能感の構成概念妥当性の検討　名古屋大学大学院教育発達科学研究科紀要（心理発達科学）, *51*, 1–8.

速水　敏彦・木野　和代・高木　邦子（2005）．他者軽視に基づく仮想的有能感――自尊感情との比較から――　感情心理学研究, *12*, 43–55.

稲垣　勉・澄川　采加（2021）．中学校教師への信頼感が他者軽視傾向ならびに自尊感情に及ぼす影響　鹿児島大学教育学部教育実践研究紀要, *30*, 81–90.

小平　英志・青木　直子・松岡　弥玲・速水　敏彦（2008）．高校生における仮想的有能感と学業に関するコミュニケーション　心理学研究, *79*, 257–262.

松本　麻友子・山本　将士・速水　敏彦（2009）．高校生における仮想的有能感といじめの関連　教育心理学研究, *57*, 432–441.

松本　麻友子・速水　敏彦・山本　将士（2013）．高校生における仮想的有能感と対人関係との関連――仮想的有能感の変動に影響を及ぼす要因の検討――　パーソナリティ研究, *22*, 87–90.

高木　邦子・丹羽　智美・速水　敏彦（2008）．仮想的有能感と対人関係（1）――他者軽視傾向と対人感情の変容――　日本心理学会第72回大会発表論文集, 36.

【コラム5】

Chen, L., Lu, M., Goda, Y., Shimada, A., & Yamada, M. (2020). Factors of the use of learning analytics dashboard that affect metacognition. *Proceedings of the 17th International Conference on Cognition and Exploratory Learning in the Digital Age (CELDA 2020)*, 295–302.

稲垣　忠（2021）．学校とテクノロジの関係を探る　稲垣　忠・佐藤　和紀（編著）ICT 活用の理論と実践（p.53）　北大路書房

日本放送協会（2022）．岐阜市　不登校の小中学生に向けメタバース空間での体験学習（岐阜 NEWS WEB）　Retrieved May 8, 2023 from https://www3.nhk.or.jp/lnews/gifu/20221125/3080010193.html

大阪大学社会技術共創研究センター（2023）．生成 AI（Generative AI）の倫理的・法的・社会的課題（ELSI）論点の概観――2023 年3月版――　*ELSI NOTE, 26*, 1–37.

Puentedura, R. R. (2010). A Brief Introduction to TPCK and SAMR　Retrieved May 8, 2023 from http://www.hippasus.com/rrpweblog/archives/2011/12/08/BriefIntroTPCKSAMR.pdf

瀬戸崎　典夫・冨永　裕也・森田　裕介（2018）．月の満ち欠けについて学ぶ探索型 VR 教材の開発　日本教育工学会論文誌, *42*(Suppl), 89–92.

山内　祐平（2020）．学習環境のイノベーション　東京大学出版会

Yeh, Y.-L., & Lan, Y.-J. (2018). Fostering student autonomy in English learning through creations in a 3D virtual world. *Educational Technology Research and Development, 66*, 693–708.

【コラム6】

文部科学省初等中等教育局特別支援教育課（2021）．障害のある子供の教育支援の手引――子供たち一人一人の教育的ニーズを踏まえた学びの充実に向けて――　Retrieved January 9, 2024 from https://www.mext.go.jp/a_menu/shotou/tokubetu/material/1340250_00001.htm

【コラム9】

国立特別支援教育総合研究所ホームページ　Retrieved July 1, 2023 from http://forum.nise.go.jp/soudan-db/?page_id=62

【コラム13】

ビーヴィスタウン小学校　Pantosaurus.　Retrieved March 31, 2023 from　https://www.bevoistown.co.uk/pantosaurus/

ゴックスヒル小学校　NSPCC Pantosaurus.　Retrieved March 31, 2023 from https://www.goxhillschool.com/safeguarding/nspcc_talk_pants.html

文部科学省　「生命（いのち）の安全教育」　Retrieved March 31, 2023 from https://www.mext.go.jp/a_menu/danjo/anzen/index.html

全英幼児虐待防止協会（The National Society for the Prevention of Cruelty to Children：NSPCC）の HP（「パントサウルスの歌」の教材）　Retrieved March 31, 2023 from https://learning.nspcc.org.uk/research-resources/schools/pants-teaching

事項索引

人名索引

【執筆者一覧】（五十音順，*は編者）

秋山真奈美（あきやま・まなみ）
佐野日本大学短期大学准教授
担当：8章（共著）

伊田勝憲（いだ・かつのり）
立命館大学大学院教授
担当：3章

稲垣　勉*（いながき・つとむ）
京都外国語大学准教授
担当：5章，11章

上野泰治（うえの・たいじ）
東京女子大学教授
担当：コラム1

大家まゆみ*（おおいえ・まゆみ）
東京女子大学教授
担当：1章，4章，6章（共著），8章（共著），9章（共著），コラム9

佐々木掌子（ささき・しょうこ）
明治大学准教授
担当：12章

杉下文子（すぎした・あやこ）
田園調布学園大学非常勤講師
担当：コラム14

鈴木　実（すずき・みのる）
日本聾話学校校長
担当：コラム7

澄川采加（すみがわ・あやか）
福岡県公立小学校教諭
担当：コラム4

曽部遼平（そぶ・りょうへい）
声楽家，東京学芸大学非常勤講師
担当：コラム11

髙岡麻美（たかおか・まみ）
玉川大学教授，全国中学校社会科教育研究会元会長
担当：13章

高際尚子（たかぎわ・なおこ）
杉並区教育委員会済美教育センター教育相談アドバイザー
担当：9章（共著），コラム15

高橋美和子（たかはし・みわこ）
青森県立三本木農業恵拓高等学校教頭
担当：コラム2

田爪宏二（たづめ・ひろつぐ）
京都教育大学教授
担当：2章

田中志帆（たなか・しほ）
文教大学教授
担当：7章

出口さくら（でぐち・さくら）
東京都公立小学校教諭，元ワルシャワ日本人学校教諭
担当：コラム3，コラム10

仲谷佳恵（なかや・かえ）
大阪大学准教授
担当：コラム5

Michaela Oberwinkler（ミヒャエラ・オーバーヴィンクラー）
Lehrkraft für besondere Aufgaben, Heinrich-Heine-Universität Düsseldorf, Germany
担当：コラム8，コラム12

三城桜子（みしろ・さくらこ）
昭和音楽大学非常勤講師，東京藝術大学専門研究員
担当：コラム13

山上真貴子（やまがみ・まきこ）
法政大学非常勤講師
担当：6章（共著），コラム6

有倉巳幸（ゆうくら・みゆき）
鹿児島大学教授
担当：10章

グローバル時代の教育相談
多様性の中で生きる子どもと教師

2024 年 2 月 29 日　初版第 1 刷発行　　　　　（定価はカヴァーに
　　　　　　　　　　　　　　　　　　　　　　表示してあります）

　　　　　　編　者　大家まゆみ
　　　　　　　　　　稲垣　勉
　　　　　　発行者　中西　良
　　　　　　発行所　株式会社ナカニシヤ出版
　　　　　〠 606-8161　京都市左京区一乗寺木ノ本町 15 番地
　　　　　　　　　　　　Telephone　075-723-0111
　　　　　　　　　　　　Facsimile　075-723-0095
　　　　　　　Website　https://www.nakanishiya.co.jp/
　　　　　　　Email　iihon-ippai@nakanishiya.co.jp
　　　　　　　　　　　郵便振替　01030-0-13128

イラスト＝八木優綺／装幀＝白沢正／印刷・製本＝創栄図書印刷株式会社
Printed in Japan.
Copyright Ⓒ 2024 by M. Oie & T. Inagaki
ISBN978-4-7795-1777-8 C3011